초등학생부터
시작하는
주식투자

우리 아이 선한 부자만들기 프로젝트

noobook

차 례

+ 이 책의 정보를 이용한 투자에 대한 책임은 해당 투자자에게 귀속됩니다.

책상머리에서 피어나는 가족의 온기

엄길청
(국제애널리스트/한국디지털금융자산연구원장)

고대철학자 탈레스는 지성을 탐구하여 물질의 본질에 도달할 수 있다고 했다. 자녀와 함께 미래를 공부하는 동재네 가족이 다른 가정의 부모와 어린이들에게 평소에 함께 배우고 익힌 경제의 지혜를 나누고자 정말 선한 영향력이 담긴 책을 펴냈다.

동재의 아빠와는 디지털금융자산학자로 만나 과학과 금융과 인간의 미래융합을 연구하는 학문적 작업을 같이 하고 있는 중에 이 기쁜 소식을 접했다. 바쁜 일상에서 꼼꼼하고 깨알 같이 담아 나간 아빠와 엄마와 동재군의 경제공부방이 가족재무지식이란 이름으로 친절하고 해박하게 소개되고 있어 모든 가정에서 꼭 읽어 보았으면 좋겠다.

특히 은행, 증권 등을 통한 금융투자공부와 디지털 기반의 개인재무정보 지식을 동재군의 눈으로 세세히 헤아려간 글 솜씨는 중학교에서 글쓰기를 가르치는 엄마의 손길도 한몫을 한 책이다. 어린이들에게 미래 세상에 대해 선한 영향력을 가지도록 순수한 마음으로 어린이 경제지식과 생활의 지혜를 다듬어 나간 동재군 가족의 세상을 향한 사랑이 책갈피마다에 묻어나는 책이다.

코로나의 충격이 이전의 사회경험을 우리의 기억 밖으로 내몰아가는 이 생경한 분절의 시기에 부모와 어린이가 누구도 미처 가늠하지 못하는 미래의 삶을 긍정의 눈으로 사랑의 마음으로 준비하고 살아가는 "동재네의 지혜로운 내일 맞이" 일상은 그 자체로 우리에게 따뜻한 감동을 준다.

재테크는 인생의 초반부부터!

임명수
(한국P2P금융투자자협회 회장)

은행업과 블록체인 교육에 오랫동안 종사해 와서인지 그동안 수많은 사람들에게 재테크에 관한 질문을 받았었다.

그러나 사실 일반인들에게 전반적인 금융지식 일반에 대한 설명을 하기가 어렵고 난감하여 그럭저럭 넘기고 하면서 재테크 교육에 대해 아쉬움을 느끼던 차 우연히 '초등학교부터 시작하는 주식투자'라는 조금은 긴 제목의 글을 읽게 되었다.

그리고 그와 해당 블로그의 관련 글들을 찾아보니 재테크교육 및 금융교육에 대해 세심하게 잘 설명이 되어 있는 점이 매우 흥미로웠다. 더군다나 '재테크는 어렸을 때부터', '금융교육은 초등학생 때부터'라는 명제가 요즘 트렌드와 딱 들어 맞는 내용들인 거 같아 더욱 관심을 갖게 되었다.

초등학생이 주식 투자를 하면서 자신의 체험을 직접 기록하고 시장에 대해 읽고 해석하는 모습들이 흥미로웠고 아직 초등학생이라 아마추어적인 모습이 보이기기는 하지만 어른들이 할 수 없는 참신한 발상과 아이다운 창의력이 참으로 돋보였다. 그래서 이 글들을 엮어 한 권의 책으로 만든다고 했을 때 흔쾌히 이 책의 추천사를 쓰기로 하였다.

내가 이 책을 추천하는 이유는 바로 이것이다. 초등학생의 입장에서 보는 재테크, 이를 함께 해 주는 엄마와 아빠의 남다른 교육관, 자녀의 재테크 교육이 얼마나 중요한가의 현장을 보여주는 내용들이 가득 차 있어 이 글을 보는 독자들이 이 책을 읽으면서 많은 것을 배우고 느낄 수 있다 생각하였기 때문이다.

특히 책의 내용 중에 '뒤돌아보면 어린 시절에 경제에 대한 교육은 전혀 듣지도 못하고, 알지도 못했다.'라는 자조적인 독백은 나의 폐부를 찌르는 듯이 아팠는데, '어린애가 돈을 알고 좋아하면 못쓴다'라는 고루한 생각에 벗어나서 '돈을 관리하고 돈을 운용하는 방법'을 아이에게 알려줄 수 있는 현명한 부모가 되기 위해 이 책을 일독할 것을 권해 본다.

선한 부자로서의 소양을 갖게 해주는 입문서

김상운
(대한의료데이타협회 이사장 / 태경회계법인 대표)

어린 시절부터 주식투자를 가르친다는 것은 정말 국가경쟁력을 막강하게 키우는 가장 좋은 방법이다. 좋은 기업을 골라 투자하는 능력을 가진 유능한 투자자들이 우리 나라에서 많이 배출되면, 경쟁력 없는 기업들은 도태되고, 경쟁력 있는 기업들은 더욱 성장하여, 한국경제는 우수한 기업들로 가득 차게 된다. 그리고, 이렇게 배출된 한국의 투자자들이 세계의 증권시장에서 강력한 영향을 갖게 되어, 전 세계의 우수기업들을 소유하는 막강한 경제력을 가질 수 있게 된다. 참으로 가슴이 벅차 오르는 일이다. 자본주의 세계에서 우위에 서려면 자라나는 어린 새싹들을 건전하고 유능한 투자자로 키우는 일이 무엇보다 소중하다.

또한, 주식투자는 개인의 경제생활 측면에서 아주 중요하다. 모든 사람이 다 기업의 투자자와 경영자가 될 수는 없다. 그러나, 각자의 영역에서 일하면서도, 주식투자를 통하여 유능한 경영자가 운영하는 기업에 투자할 수 있는 마인드와 분석능력을 갖춘다면, 그 경영자 및 기업과 함께 투자자로서 이익과 비젼을 공유할 수 있는 길이 열려있다. 이런 주식투자에의 입문을 초등학교 시절부터 잘 배워 놓는다면, 건전하고 합리적인 투자자로서 성장할 것이다. 따라서 경제와 투자, 그리고 미래의 변화에 관련된 지식과 선한 부자로서의 소양을 갖게 해주는 소중한 입문서로 감히 추천한다.

돈은 우리 생활과 가장 밀접하지만

무서울 만큼 무지합니다.

반면 학교나 가정에서는 제대로 된 경제교육을

받지 못하고 있는 것이 현실입니다.

<초등학생부터 시작하는 주식투자>는

어린이의 눈높이에서 돈에 대해 친절하고

재미있게 설명을 해 줍니다.

이 책은 우리 아이들이 단순한 노동자가 아닌

자본가로 성장할 수 있도록 돕고,

부자로 살아갈 수 있도록

안내자 역할을 해 줄 것입니다.

양현진

(<아빠 육아 공부>, <일과 삶의 온도>의 저자)

Prologue

우리 아이는 나보다는 나은 삶을 살길 기도하는 세상 모든 부모님들의 맘을 이 한 권에 담아서

내가 어릴 때, 우리집은 참으로 가난했다. 아버지는 늘 열심히 일하셨고 가정 주부였던 어머니는 어린 삼 남매를 키우기 위해 온갖 고생을 마다하지 않으셨으나 어려운 가정 형편은 나아질 줄을 몰랐다. 2년마다 한 번씩 셋방에서 셋방으로 이사를 다니고 어머니는 자식들의 학비를 빌리러 친척들을 찾아다니셨지만 정작 나는 우리 가정의 경제 상황에 대해 아무것도 아는 것이 없었다.

그래서 나는 학교를 졸업하고 사회인이 되기까지 제대로 된 경제교육을 받아본 적이 없었다. 학교에서도 경제교육을 받지 않고 집에서도 경제교육을 받지 못했으니, 장님 문고리를 잡는 심정으로 경제, 주식, 부동산 등에 대해 공부하기 시작했다. 닥

치는 대로 책을 읽고 관련 강의도 들으면서 '왜 경제공부를 일찍 시작하지 못했나?'에 대한 아쉬움이 깊게 들었다. 자본주의란 일찍 눈을 뜨게 되면 한층 더 유리한 게임이라는 것을 인지한 것이다.

그래서 내 아이에게는 일찍 경제에 눈을 뜨게 해 주고 싶었다. 그래서 아이에게 우선 저금을 가르쳤다. 아이는 어릴 때부터 세뱃돈과 추석 때 받은 용돈을 예금 형식으로 꾸준히 모아왔다. 그러다가 2020년 들어서 코로나19 확산으로 미국 및 한국에 유동성이 증가하고, 세계적인 저금리 추세가 진행되는 모습을 보고 소극적인 투자 방법인 저축보다는 적극적인 투자 방법인 주식을 가르쳐야 하겠다는 생각이 들어 아이에게 주식 계좌를 만들어 주고 초등학생의 눈높이에 맞추어 본격적으로 경제교육을 시키기 시작했다. 스스로 주식에 투자한 후, 10%의 수익이 나기 시작하면서부터 아이는 주식 투자에 대해 조금씩 관심을 갖기 시작했다.

2020년 초등학교 6학년이었던 아들은 한국 주식으로는 삼성전자 2주(2020. 5. 29 기준 5만원), 해외주식으로는 미국의 마이크로소프트 2주(2020. 5. 29 기준 22만원)를 구매하며 주식 투자를 시작했다.

"현재 미국 시가총액 1위인 마이크로소프트를 구매하는 것이 좋을 것 같아. 왜냐하면 마이크로소프트는 거의 독과점 사업을 하고 있고, 클라우드 등 신규 사업에서도 수익을 내는 등 10년 후에도 꾸준한 수익을 낼 것으로 기대되기 때문이야."

주식에 대해 조언을 해주고 해외 주식 구매를 위한 환전은 아빠인 내가 했지만, 최종 주식 매수 버튼은 아이가 직접 누르게 했다. 그러면서 환전에 대한 개념도 알려주고, 환율의 변화에 따른 수출, 수입업자의 입장에 대해서도 이야기해 주었다. 그 후, 아이의 은행 통장에 들어있는 돈은 계속 주식 통장으로 옮기기 시작하면서 아이는 주식 투자에 입문하게 되었다.

인생에서 돈이 전부는 아니겠지만, 아주 중요한 부분임에는 틀림이 없다. 흔히들 하는 말로 '돈으로 해결되는 고민이 가장 쉬운 것'이라고들 하지만 돈이 없을 때 그 쉽고 사소한 고민이 인생에서 해결하기 가장 어려운 고민이 될 수 있다. 자기 자신과 가정을 지키려면 돈이 꼭 필요하고 돈을 운용하고 관리하는 능력이 꼭 필요하다. 그래서 나는 틈만 나면 아이에게 경제교육을 하고, 돈이 스스로 일을 하도록 만들어야 한다고 말해주고 있다.

원래 우리 세 가족은 각자 개인 블로그를 운영하며 글을 꾸준히 써왔는데 이 글을 한 곳에 묶어서 공유하면 엄마, 아빠, 아이의 시각에서 경제 교육에 대해 이야기할 수 있지 않을까 싶어 이 책을 출간하게 되었다. 그리고 우리 아이 선한 부자 만들기(cafe.naver.com/kidbuja) 카페를 개설했다. 그리고 카페를 통해 서로의 지식과 정보를 공유하고, 어린이 경제교육에 대해 관심 있는 분들과 온라인으로 토론을 하면서 어린이 경제교육에 관련해 활동하고 있다.

이 책이 우리 아이는 나보다는 좀더 나은 삶을 살기를 바라는 부모님들에게 간절한 희망과 바람의 디딤돌이 되었으면 하는 마음이다. 이 책을 쓰게 된 원동력인 아들 동재와 사랑스런 우리집 고양이 벡터, 그리고 무엇보다 든든한 버팀목인 아내와 어릴 때부터 나에게 항상 책을 읽으라고 말해 주셨던 그리운 내 아버지 영전에 이 책을 바친다.

2021. 4. 25

아들 **백동재**, 아빠 **백남정** , **동재엄마**

이 책은 어떻게 읽는 게 좋나요?

『Part 1. 일상에서 경제교육을 하는 5가지 방법』 에서는 부모가 아이에게 꼭 알려주어야 할 경제 관련 기초 교육 및 투자 마인드 트레이닝 방법들을 중심으로 이야기를 꾸렸다. 모든 것이 그러하듯 기초를 탄탄하게 하는 것이 무엇보다 중요하다고 생각했기 때문이다. 생활 속에서 실천할 수 있는 쉽고 간단한 경제교육법을 위주로 내용을 구성해 보았다.

『Part 2. 똑똑한 경제습관을 가지는 5가지 방법』에서는 아이가 경제 공부를 시작하면서 갖게 된 좋은 습관에 대한 내용들로 구성을 하였다. 어린이 경제신문을 구독하고 NIE활동하기, 경제 다큐멘터리를 보고 가족과 대화하기, 경제 관련 책 읽고 활동하기, 투자를 통해 공부하기, 가정에서 아이를 위한 돈 버는 시스템 만들기 등의 유용한 팁들로 구성돼 있다.

『Part 3. 이제 실전 투자를 해보자』 는 아이가 스스로 경제활동에 참여하여 돈을 버는 에피소드들, 실제로 증권사에 계좌를 개설하고, 카카오게임즈 청약을 위해 증권사를 방문하고, 엘지화학, 삼성전자 등 관심 기업들에 대해 분석해 본 내용과 당근마켓에 고양이 캣타워를 팔고, 배당주를 매수한 이야기와 엄마들이 궁금해 하는 졸업축하금과 세뱃돈 같은 갑자기 생긴 돈에 대한 투자 방법 등에 대해 다루어 보았다.

『Part 4. 우리 아이 리더 되는 미래사회를 대비하자』는 인공지능과 블록체인, 빅데이터시대에 살아남기 위해서 경제도서 읽는 법, 독서 토론 하는 법, 발표력 높이는 방법, 여행을 즐기는 방법과 유튜브와 경제도서를 읽고 컨텐츠를 만드는 방법으로 구성해 보았다.

『Part 5. 선한 영향력을 가진 어린이 부자가 되기를』에서는 멀리 가기 위해서 혼자만이 아닌 지식과 사랑을 나누는 방법과 아이가 10년 목표인 기부하기와 스스로 브랜드가 되는 방법, 자본가가 되는 법 등의 내용으로 구성해 보았다.

매 Part의 마지막에는 동재네에서 실천하고 있는 사례들을 나열하고 독자들의 가정에서도 한번 토론해 보면서 이 주제를 적용해볼 수 있도록 <다 같이 생각해 보기> 코너를 넣었으니 꼭 한번 활용해 보시길 바란다.

Part 1.

일상에서
경제교육을 하는
5가지 방법

1. 일상에서 경제 교육을 하는 5가지 방법

"아빠 다른 애들은 다 게임하고 나만 스마트폰이 아니야 나도 스마트폰 빨리 사줘" 2019년도 한국미디어패널조사 결과에 따르면 초등학교 4~6학년의 스마트폰 보유율은 81.2%, 1~3학년도 스마트폰 보유율도 37.8%라고 한다.

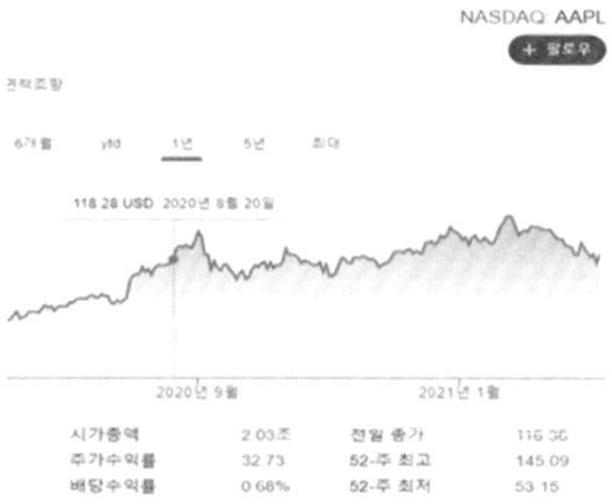

그림 1-1. 2020년 8월 20일날 생일날 매수한 애플의 주가와 아들의 공신폰

아이는 2020년 5월부터 주식을 하면서 전세계 1위 회사인 애플을 주식을 사서 수익이 나는 것을 보면서, 당장 스마트폰을 사는 것보다는 애플의 주가 상승으로 모은 돈으로 나중에 핸드폰을 사는 것이 더 이득이라는 것을 스스로 깨닫게 되었다.

표 1-1. 애플주식을 구매한 이유

구분	구매하는 이유
애플 주식	그 주가에 다시 살 수 없고, 수익으로 스마트폰을 살수 있음
스마트폰	연락이 편함. 게임을 마음대로 할 수 있음. 매달 통신비 지출

생일 한달 전부터 계속 남들이 다 가진 스마트폰으로 게임을 마음껏 하고 싶다고 해서 선택을 하라고 했다. "애플 한주 살래(당시 액면분할전이라 거의 456달러, 50만원정도 할 때였다.) 아니면 게임할 수 있는 스마트폰 살래" 하다 그해 5월부터 직접 투자한 애플주식의 수익률을 보더니, 결국 애플 주식 한주를 사는 걸로 스스로 결정했다.

지금 아들은 공신폰을 사용하고 있다. 문자 전화만 되고 카톡과 오픈 채팅방을 공지와 영어학원에서 보내는 밴드의 공지는 컴퓨터에서 보고 있다.

종목명		거래금액	펀드 잔고평가	펀드가입번호/ 신탁보수	농특세/부가세	양도세
2020/08/20	2	1.000	0	0	0	0
매수		456.8500	0	0		0
애플		456.85	0		0	0

그림 1-2. 생일날 주식을 구매한 기록

소비 통제능력이 기르고 2021년 중학생이 된 아들과 오늘 아침에 한 대화다.

표 1-2. 생일날산 애플 주가의 현재와 차이(출처:구글 주가 페이지에서 검색)

일자	2020년 8월 20일	2020년 8월 20일	차이
주가	118.28USD	134.39 USD	16.11 USD(17,936원)

아들 : "공신폰으로 문자가 잘 안되니 스마트폰을 사줘"

아빠 : "그럼 주식을 팔아서 스마트폰을 사"

아들 : "핸드폰을 왜 사? 그거 살 돈으로 주식을 하나라도 더 사서, 나중에 어른이 되서 그 수익으로 더 좋은 스마트폰을 사지. 결국에 모든 스마트폰은 가격이 싸게 되지만, 내 주식은 더 오를 건데 말야."

그럼 어떻게 하면 아이에게 소비 통제 능력을 기르고 경제 활동을 이해하고 공부를 할 것인지에 대해서 알아보자.

1.1. 스텝 1 : 소비 통제 능력을 아이에게 효과적으로 알려주기

부모가 자식을 낳으면 물고기를 잡아주는 것이 아니라 물고기를 잡는 방법을 알려주어야 한다는 말을 흔히들 한다. 부모는 자식에게 돈을 주는 것이 아니라 자식이 돈을 벌고 관리하는 방법을 구체적으로 알려줘야 한다는 것이다.

살면서 안타까운 경우들을 종종 보게 된다. 내가 보았던 가장 안타까운 경우는 나에게 집을 팔았던 매도자였다. 당시에 내가 집을 사고자 하는 곳은 집값이 급등하고 있어서 매물을 찾기 어려웠는데 겨우 집을 구해 계약을 하게 되었다. 매도자를 만나보니 그는 집이 꽤 여러 채 있는 지역 유지의 자제였다. 아버지가 돌아가시면서 재산을 많이 물려주었다는데 그는 관리하기 귀찮아서 물려받은 유산들을 처분 중이라고 하였다. 그가 몰고 온 외제차와 화려한 옷차림을 보니 그가 소비를 위해 자산을 처분 중이라는 것이 한 눈에 보였다.

소비를 통제하지 못해 자산을 처분한다는 것은, 곧 미래를 담보 삼아 현재를 즐기겠다는 생각과 다름이 없다. 이는 상당히 위험한 생각임에 틀림없다. 실제로도 부자들은 우리의 상상만큼 호화로운 생활을 하지 않고 검소한 경우가 많다. 자신의 소비와 지출을 통제하는 능력과 힘이 부자의 길로 가는 기본 능력이기 때문이다.

그렇다면 지출에 대한 통제력을 갖게 하기 위해서 우리 아이에게 어떤 교육을 할 수 있을까? 우리집의 경우에는 아이가 유아일 때부터 소비를 스스로 조절하는 방법을 교육해왔다. 대부분의 아이들이 마트를 가면 원하는 장난감을 사달라고 떼를 쓰는 경우가 많고 부모는 여유가 되는 한도 내에서 아이의 요구를 들어주는 경우가 많다.

이때는 아이가 소비를 잠깐 멈추고 참는 습관을 교육할 수 있는 좋은 기회가 된다. 아이에게 갖고 싶은 것을 모두 갖긴 어렵다는 점을 설명하고 돈이 있을 때만 물건을 구입할 수 있다는 것을 설명한다. 그러면서 오늘이 아닌 특정일(생일, 어린이날, 크리스마스 등)을 가정해 물건을 구입하도록 유도한다. 보통 아이들이 이럴 때 이 물건이 무엇인지 나중에 잊어버려서 살 수 없을 거라는 등 떼를 쓰기 마련인데 아이가 물건을 들고 있는 사진을 찍어주며 설득을 한다. 온라인 마켓의 경우 장바구니에 담아두거나 즐겨찾기를 해 두는 등 아이가 한 호흡 소비를 참아가는 연습을 시키는 것이다.

그림 1-3. 달콤한 마시멜로(출처:pixabay pixel 2013)

소비 통제 연습을 하고나서 물건을 사기로 약속한 날 물건을 사는 것의 여부에 대해 아이에게 묻는다면 꼭 사겠다는 아이도 있고 벌써 그 물건에 대해 심드렁한 아이도 있을 수 있겠다. 하지만 중요한 것은 한 템포 생각하는 소비 능력이 생겼다는 것이다. 맛있는 마쉬멜로우를 앞에 두고, 지금 참으면 더 많이 먹을 수 있다는 이야기를 듣고 꾹 참은 아이들이 더 성공 지향적인 삶을 살았다는 저 유명한 마쉬멜로우 실험처럼. 아이들에게 참고 통제하고 기다릴 수 있는 시간을 준다는 것 자체가 훌륭한 경제교육이 되리라 생각한다.

1.2. 스탭2 : 아이와 가정 경제에 대한 이야기를 나누고 생각해보기

아이 엄마이기 이전에 나는 교육을 업으로 삼고 있는 교육자이기도 하다. 집에서 아이를 양육하고, 학교에서 아이들을 가르치다 보면 절로 떠오르는 교육학의 개념이 바로 '교육의 사회화'이다. 아무리 똑똑하고 훌륭한 부모라도 아이와 소통하지 않으면 아이의 지적 성장에 도움이 되지 않는다는 개념인데, 반대로 생각해보면 아이들과 부모가 적극적으로 소통하는 것이 가장 중요하고 핵심적인 교육이라는 것을 알 수 있다.

소통의 방법으로 추천하는 것 중 하나는 우리 집안의 경제 상황에 대해 구체적으로 아이와 이야기를 나누어 보는 것이다. 우리나라 정서상 재산이나 돈에 대해 자녀와 이야기 나누는 것을 터부시하는 편이라 아이가 가정 경제에 대해 알지 못하는 경우가 상당수이다.

나의 예를 들어보자. 내가 어렸을 때 부모님은 나에게 "너는 돈 걱정하지 말고 공부만 열심히 하면 된다."라는 말을 자주 하셨다. 난 우리 집이 남들에 비해 얼마에 잘 사는지, 아버지가 얼마나 버시는지, 우리 집에 빚이 있는지 아무것도 모르고 살았다. 먹고 살기 바빠서인지 어머니는 예금이나 적금 같은 기본적인 금융 활동도 하지 않으셨으니 나의 금융 지식은 제로에 가까웠다. 소위 돈맹이라 할 수 있겠다.

조금씩 경제관념이 생기고, 이제 돈을 모아야 한다는 사실을 30대가 되어서야 깨달았다. 결혼하기 전에 돈을 모으려 했지만, 해마다 해외여행을 다니고 필요한 것을 사고 문화생활을 즐기느라 욜로 라이프를 사느라 돈을 모으는 일에는 소홀했다.

지나고 생각해보면 돈을 아껴 써야 하고 모아야 한다는 것부터 아무것도 몰랐다. 돼지 저금통은 여러 개 가지고 있었지만, 돼지 저금통의 소유 여부와 경제 습관 형성은 큰 관계가 없었던 것 같다. 돼지저금통이 있다고 돈을 더 절약하지도 않았고, 설사 돈을 모으겠다 결심을 했다고 해도 그 마음이 꾸준히 유지되지 않았다.

시간이 지나 늙고 연로해진 부모님의 용돈을 드리게 되면서 우리 가정의 경제 상황이 심각한 상황이라는 것을 알게 되었다. 2019년 겨울, 아버지가 갑작스럽게 쓰러지셔서 세상을 떠나셨을 때 아버지의 호주머니에 있던 몇 만원의 지폐가 아버지

재산의 전부라는 것을 그제야 알게 되었을 때 너무나 마음이 아팠고 참담하였다.

아이와 가정 사정과 형편 그리고 투자와 소비에 대해 스스럼없이 이야기를 나눈다면 아이는 가정의 구성원으로써 자신의 몫에 대해 생각하는 힘을 갖게 될 것이다. 우리 가정의 경우에는 재산, 빚, 재산을 형성하는 방법과 방향, 부모의 소득, 노후 대책 등에 대해 항상 아이와 이야기를 나누고 있으며 이런 가족 공동체의 일원이 바로 아이라는 점을 강조하여 이야기하고 있다.

가난한 사람은 과거를 이야기하고 부자는 현재와 미래에 대해 이야기한다고 한다. 우리 가정 경제 공동체의 일원이 아이임을 항상 주지시키고, 가정이 처한 상황에 대해 소통하고 이야기하는 것이 아이의 경제 교육의 시작점이 아닐까?

1.3. 스탭3 : 세상의 모든 것은 다 경제 활동으로 이루어져 있다는 것에 대해 아이와 대화 나누기

우리가 살고 있는 세상 위에 경제라는 프레임을 씌워서 보면 다양한 이야기가 가능하다. 평상 시 아이들과 할 수 있는 대화의 소재는 상당히 한정적이다. 주로 학교, 학원, 친구, 가족 등의 일상적인 이야기를 제외하고 세상의 큰 부분을 구성하고 있는 돈에 대한 이야기를 해보면 어떨까? 부담스럽지 않게 우리 아이 경제교육을 시작하는 첫걸음이 될 수 있을 것이다.

가장 간단한 예로 마트 등에서 아이가 좋아하는 식품이나 장난감을 구입하며 제품을 만든 회사를 검색하여 주식의 값을 알아볼 수 있다. 주식이 회사의 가치를 잘게 쪼개서 주식을 가진 사람들이 나눠 갖는다는 것, 주식을 사는 사람이 주주라서 회사의 주인이 된다는 것, 주식의 값은 회사마다 다르다는 점 등등을 아이의 눈높이에 맞추어서 설명하고 이야기할 수 있는 것들이 상당히 많다. 또한, 사는 즉시 중고가 되어 가격이 내리는 소비품과는 달리 주식은 경제 상황이나 회사의 가치 등에 따라 가격이 오르고 내리고 한다는 개념 등을 알려주어 소비품

과는 다른 주식의 특성 등도 알려줄 수 있다.

아이가 좋아하는 물건을 각종 사이트에서 같이 검색해 보거나, 다른 곳에 위치한 가게들을 방문해서 찾아보는 등의 활동을 통해 장소에 따라 물건의 가격이 달라짐도 알려줄 수 있다. 당장 그 자리에서 구입하는 것이 아닌 생각하고 찾아보며 소비하는 습관을 아이에게 말 대신 행동으로 알려줄 수 있다.

길거리를 지나다니며 늘 볼 수 있는 아파트나 건물 가격 등에 대해 알아보고 맞춰보는 놀이도 아이들이 참 좋아한다. 아파트는 호갱노노(hogangnono.com) 등의 앱을 이용하면 가격을 쉽게 알 수 있다. 같은 동네라도 학교, 학원, 지하철역, 공원 등의 거리와 아파트의 규모와 연식 등에 따라 다른 가치를 가진다는 개념을 쉽게 알려줄 수 있다.

건물, 빌라, 땅 등의 경우는 디스코(https://www.disco.re/) 사이트나 앱 등을 통해 지번 검색을 하면 가격을 쉽게 알 수 있다. 어느 건물이 더 비싼지 그 이유는 무엇이라고 생각하는지 등 아이의 시각에서 여러 가지 생각을 해 볼 수 있다.

우리집의 경우에는 여행을 가거나 낯선 장소를 가보면 그곳의 건물이나 토지 가격을 짐작하고 맞춰보는 놀이를 자주한다.

제주도 여행을 간 적이 있는데, 아주 풍경이 좋은 오션 뷰 카페에 가서 음료를 마시다가 그 카페의 건물 가격을 아이와 함께 찾아본 적이 있다. 2015년에 건물 값 20억에 매입한 건물주는 이어서 바로 건물 앞 해변 땅을 6억에 매수하였다는 걸 알 수 있었는데 카페의 바다 영구 조망권을 확보하기 위한 것으로 나와 아이는 결론을 내렸다.

그림 1-4. 제주도 카페에서 디스코 앱으로 건물과 땅 값 알아보는 사진

이 카페는 지금 제주도의 명물로 하루에도 엄청나게 많은 사람들이 찾으니 건물주는 그 이상의 이익을 볼 것이라는 것도 추측할 수 있었다. 카페 건물 가격 찾기 놀이를 통해 디벨로퍼

가 무엇인지 어떤 일을 하는지 알게 된 것이다.

살고 있는 아파트가 리모델링을 곧 하려는 계획이 있었다. 아파트의 길목마다 플랭카드가 걸려있어서 아이가 리모델링이 무엇이냐는 질문을 하였다. 리모델링과 재건축에 대해 설명을 해주었고 아이는 그걸 이해를 하고 블로그에도 정리를 해두었다.

그림 1-5. 아파트 리모델링 홍보물

이렇듯 우리 주변에 밀접한 돈의 사용처와 흐름에 대해 생활 속에서 알려주고 놀이처럼 체험하게 한다면 돈을 현명하게 다룰 수 있는 아이로 성장할 수 있을 것이라 믿는다.

아파트의 리모델링과 재건축을 차이에 대해 정리한 동재의 글

우리 아파트는 곧 리모델링이 될것이다. 근데 리모델링이랑 재건축에 대해서 많은 이야기들이 있는데, 과연 도대체 뭐가 다르기에 사람들이 이리 시끌벅쩍한걸까?

일단 리모델링은 말그대로 리(re) ; 다시 모델링(modeling)이다. 다시 모델링을 한다는 것인데, 바로 뼈대만 남기고 다 철거해서 다시 모델링을 하는 것이다. 우리 아파트가 저렇게 된다는데, 되게 기분 좋다.

그리고 재건축은 빌딩을 허물고 새로운 걸 짓는 것이다. 근데 요 둘은 되게 다르다. 일단 재건축은 되게 조건이 까다롭다. 일단 리모델링은 건물이 15년이상 되야한다. 그런데 15년 되어도 안되는 경우가 많고, 25년이 되어야 그나마 생각이나 한다. 그리고 골조의 검사를 한 뒤, 몇년간 공사를 해서 건물을 만든다. 그리고 재건축은 30년을 해야 한다.

그리고 재건축은 평을 늘려야하기 때문에 공사비가 들어간다. 그리고 몇몇 땅은 공원이나 주차장을 만드는데 써야한다. 용적률이란 것도 있는데, 집을 얼마나 올릴 수 있는지다. 리모델링은 기존의 15%정도를 올릴 수 있지만, 재건축은 되게 많이 올릴 수 있다. 재건축은 까다롭지만 많은 돈을 벌 수도 있고, 리모델링은 빠른 대신 돈을 벌 수 없다.

건물을 사는 걸 목표로 돈을 벌자.

(출처 : https://blog.naver.com/jay7vector/222267530041)

1.4. 스탭4 : 공부는 돈을 벌 수 있는 것, 꿀처럼 단 것이란 걸 아이에게 효과적으로 알려주기

아이가 초등학교 저학년이었을 때, 나는 아이의 경제교육보다는 아이의 학업에 대해 더 관심이 많았다. 집에서 오디오를 틀어주고 영어책을 읽히는 방식으로 아이 영어공부를 시키고, 학원 하나 안 보내고 문제집 풀이부터 관련 서적 독서까지 시키는 열혈 엄마였다. 그런 내가 아이의 경제교육에 대해 관심을 갖기 시작한 건 솔직히 아이의 학습능력을 극대화시키기 위한 노력이라 고백한다.

2016년도 당시 나는 EBS <부모>라는 프로그램에서 '돈 안 들이고 영재 키우기'편을 우연히 시청하게 되었다. 교원대의 임웅 교수가 나와서 어떻게 하면 아이의 학습 습관을 잡아줄 수 있는지 알려주는 프로그램이어서 메모를 하면서 열심히 시청했던 기억이 난다.

임웅 교수의 이야기를 간단히 요약하자면, 학습은 머리 속에 있는 지식을 체계적으로 정리하고 이야기할 수 있는 능력이라는 것이었다. 그리고 지식을 체계화하기 위해서는 누군가를 가르치는 것이 가장 효율적인 학습법이라는 것이었다. 그러므로 부모가 자녀가 공부를 잘하기를 바란다면 자녀에게 끊임없이 '왜?'라는 질문을 던지고 자녀가 다양하게 사고하도록 도와주라는 것이다. 즉, 아이가 스스로 의식적으로 '왜?'냐고 묻기는 쉬운 것이 아니므로, 부모가 아이에게 '왜?'라고 질문을 던지며 지식이 완벽히 구조화될 수 있도록 도와주라는 것이었다.

그래서 나는 아이가 학교에서 돌아오면 배웠던 교과목들에 대해 나에게 정확히 알려주면 용돈을 주는 방법을 고안했다. 이것이 우리 아이 경제교육의 첫 시작이었다. 아이가 엄마를 정확히 이해시킨 경우에는 그 당시 돈으로 하루에 500원을 주었다. 이렇게 해서 일주일간 아이가 최대로 받을 수 있는 돈은 2,500원이었다. 당시 초등학교 2학년이었던 아이가 어떤 수를 구하는 세 가지 방법(수학)과 설명하는 말하기를 할 때 오감을 활용해서 설명할 수 있다는 것(국어)을 학교에서 배웠다며 엄마에게 설명해 주고 용돈을 받고 기뻐하던 모습이 아직도 눈 앞에 생생하다.

설명 횟수가 거듭될수록 아이의 설명은 이전보다 좀더 부드러워지고 체계적이 되었는데 아이가 배운 걸 이야기하는 것은 사실 그리 길지 않은 시간이므로 부담없이 시작하기 좋은 경제

교육의 방법이라 생각하다. 아이가 편안한 분위기에서 이야기를 시작하면 부모가 그 이야기를 잘 들으면서 확장시켜주는 질문을 하면 더할 나위 없이 좋을 것이다. '그래서?', '왜?', '넌 거기서 뭘 배웠는데?' 등등 다양한 질문을 하면 더욱 좋겠다.

아이는 용돈을 탈 생각으로 수업을 집중하여 듣게 되고, 공부로 인해 직접적인 이득을 얻을 수 있다는 것을 알게 되면서 공부는 좋은 것이라는 긍정적인 이미지를 얻게 되니 이 역시 좋다. 아이들에게는 모호하고 추상적인 것보다는 구체적이고 체험 가능한 피드백을 주는 것이 훨씬 효율적이다.

과거에 유대인들은 꿀로 글씨를 쓰고 학령기의 아동에게 핥게 했다고 한다. 배움이 달콤하다는 걸 그렇게 알려준 것이다. 아이에게도 배움이 얼마나 좋은 건지 알려주면서 대화도 늘게 되어서 일석이조라고 생각된다. 이 과정을 조금 더 진행하고 나서 용돈 기입장도 쓰게 하고 지출과 소비에 대한 이야기도 나눠보는 등 경제교육에 한 걸음 다가서면 좋을 듯 싶다.

1.5. 스탭5 : 우리 아이를 지식 소비자가 아닌 생산자로 만들기

2020년 12월 6일 저녁, 우리 가족이 운영하는 <우리 아이 선한 부자 만들기> 카페에서 줌으로 단출한 특강을 마련했다. 어린이 4명, 어른 3명을 대상으로 아빠인 내가 15분, 아들인 동재가 15분간 강연을 하였다. 강의 자료는 어린이 부자 되기 프로젝트를 시작한 계기, 우리 아이 경제교육 하기, 우리 아이 퍼스널 브랜드 만들기에 대한 내용으로 구성되었다. 우리 아이를 지식 소비자가 아닌 지식 생산자의 대열에 들어서게 한 첫 걸음이었다. 그날 특강에서 강조한 것은 경제교육과 더불어 우리

그림 1-6. 2020년 12월 <선한 부자 만들기> 특강에서 아들이 발표하는 모습

아이들의 미래에 대한 고민이었다. 나는 아들이 지식 소비자가 아닌 생산자가 되기를 바랐다.

스마트폰이 생긴 이후 출퇴근 풍경이 달라졌다. 예전에는 지하철에서 신문을 보는 사람도 있었고 대화를 나누는 사람도 있었다. 출퇴근 지하철에서 신문을 다 보고 나면 다음 사람이 볼 수 있게 잘 접어서 좌석 위 선반에 두고 갔던 걸 기억하는지?

요즘은 거의 모두가 스마트폰만 바라보고 있다. 흘긋 보면 게임을 하든지 검색을 하든지 카카오톡으로 누군가와 대화를 하든지. 대부분의 사람들이 컨텐츠를 '소비'하고 있다.

아빠인 나 역시 다양한 컨텐츠를 '소비'하지만 컨텐츠를 '생산'하기도 한다. 블로그, 페이스북에 글을 쓰거나 책의 원고를 쓰거나 강의자료를 만드는 등. 하지만 나처럼 컨텐츠를 생산하는 사람은 10% 남짓도 안 된다는 느낌이 든다. 90%의 사람들은 오직 '소비'만 한다.

정보가 돈이 되는 사회에서 위너는 '정보를 생산하고 가공하고 유통하는 능력'을 가진 사람이라는 생각이 든다. 나 자신을 브랜드로 만들고 지식을 생산하는 사람만이 미래 사회에 살아남을 수 있다고 본다.

그래서 우리 아이에게도 생산자가 될 것을 권유하고 독려하고 있다. 수학책, 과학책과 코딩을 좋아하는 아이라 아이가 가진 지식, 생각을 매일 자신의 블로그(blog.naver.com/jay7vector)에 기록하도록 지도하고 있다. 지금은 다소 서툴고 미비하지만 매일매일 써 나가면서 지식 생산자로 성장할 수 있을 것이라 믿는다.

아이가 지식 생산자가 될 수 있는 첫 걸음은 자신이 아는 것, 경험한 것을 부모나 친척이 아닌 다른 사람들에게 글이나 말로 공유하고 나누어 보는 경험을 주는 것이다. 블로그, 유튜브 등 다양한 방법이 있을 수 있겠고 저학년 아이들의 경우 자신의 관심 화제에 대해 그림을 그리거나 글을 써서 한데 묶어서 소책자를 만들어보는 것도 좋다.

경제 교육이나 돈에 대해 흥미와 관심이 많은 또래들과 서로의 지식을 공유하는 경험도 도움이 된다. 우리 가족이 운영하는 <우리 아이 선한 부자 만들기(cafe.naver.com/kidbuja)> 카페에서는 이러한 가족들을 대상으로 정기적으로 온라인 줌으로 소통의 기회를 제공하고 있으니 적극 활용해 보는 것도 좋겠다.

1.6. 다 같이 생각해보기

1.아이에게 마트에서 소비를 참는 통제 능력을 만들어보자.

그림 1-7. 다음에 레고를 사준다고 하고 사진을 찍었다.

예) 사 준 것도 많았지만, 사진만 찍고 다음에 사준다고 설득한 경우도 많았다. 자녀에게 장난감 사진을 찍어주면서 다음에 사자고 설득을 해보자.

2. 아이와 다니고 있는 학원비나 집을 유지하기 위해 필요한 비용에 대해 애기를 해보자.

예) 태권도 학원비는 얼마인지, 아파트 관리비 고지서나 전기요금 고지서를 같이 보면서 애기를 해보자.(https://cafe.naver.com/kidbuja/57)

3. 아이가 좋아하는 상품이나 과자에 대해서 애기하고 그 회사의 가치에 대해서 애기를 해보자.

예) 동재는 로블록스 게임을 너무 좋아해서 로블록스 회사의 가치를 깨달아서 5주의 주식을 샀다.(https://cafe.naver.com/kidbuja/672)

4. 길을 걷다가 건물의 상가의 위치에 따라 달라지는 가격의 차이에 대해서 얘기를 해보자.

예) 상가에서는 어디가 비쌀까라는 얘기도 많이 했습니다.모서리가 비싼건지 길가옆이 비싼지 골목안이 비싼지 왜 비싼지를 같이 길을 걸으면서 맞추기를 했던거 같습니다.(https://cafe.naver.com/kidbuja/565)

5. 편의점에서 사는 물건과 백화점에서 사는 물건의 가격이 다른 이유에 대해 생각해보자.

예) 보통 편의점에서 비닐 우산은 3,500에 팔리고 있지만, 백화점의 D사의 우산은 2~3만원대에 팔리고 있다.(https://cafe.naver.com/kidbuja/565)

Part 2.

똑똑한 경제습관 가지는 5가지 방법

2. 똑똑한 경제습관을 가지는 5가지 방법

아이는 경제신문을 구독하고 경제 다큐멘터리도 보고 경제 관련 도서를 읽고, 좋아하는 초능력에 대한 내용까지 다양한 자신의 생각을 블로그에 정리를 하도록 하였다. 아래 블로그에서 책을 보고 쓴 “돈을 아이는 아이는 꾸는 꿈이 다르다”, 일상에서 느낀 “리모델링과 재건축의 차이”, “주식의 뿌듯함”, 경제신문을 읽고 쓴 “인플레이션이 그렇게 위험한가” 까지 다양한 글이 있는 것을 알 수 있다.

그림 2-1. https://blog.naver.com/jay7vector/ 의 프롤로그 화면

아이에게 경제신문을 읽게 하고 경제 다큐멘터리도 보게 하고 경제 관련 도서를 읽도록 하여 경제습관을 어떻게 만들었는지 알아보자.

2.1. 똑똑한 경제습관 1 : 어린이 경제신문을 구독하고 N.I.E하기

신문 구독은 비단 경제 뿐만 아니라 다양한 영역의 지식을 이해하고 표현할 수 있는 도구로서 효과적이다. 온라인 신문은 자신이 좋아하는 주제에만 치중해서 그 기사만 검색해서 보게 되기 때문에, 전반적으로 내용을 훑어도 볼 수 있고 꼼꼼히도 읽을 수 있어 지면 신문이나 잡지가 아이들 교육에는 훨씬 좋다고 생각한다.

어린이 동아일보는 글밥이 적은 편이라 저학년들이 구독을 많이 하고 어린이 조선일보는 동아일보보다는 글밥이 많은 편이라 고학년들이 구독을 많이 한다. 우리집의 경우에는 주간으로 발행되는 어린이경제신문(www.econoi.com)을 구독하고 있다. 아이의 독해 수준 별로 선택해서 볼 수 있는 신문인 알바트로스(http://www.albatrossnews.co.kr)는 첫 회에 모든 수준(국문 20종, 영문 4종)의 신문을 다 받아보고 아이의 수준에 맞게 신문을 선택해서 구독할 수 있다. 주간 신문이 부담스럽다면 <시사원정대>, <독서평설> 등의 잡지를 보는 것도 좋다.

읽는 것도 중요하지만 가장 중요한 것은 이해한 것을 표현해 보는 것이다. 이를 N.I.E라고 하는데 신문 후 독후 활동을 하는 것이다. 활동의 예로는 글을 읽고나서 읽은 내용을 말해보기, 모르는 단어 찾아보기, 각 문단에서 가장 중요한 단어에 동그라미 치기 혹은 문장 그어 보기 등의 활동을 할 수가 있고 조금 더 능숙해지면 내용을 읽고 요약하거나 감상문 쓰기 등의 활동을 할 수도 있다.

우리집의 경우 매주 1번씩 각자 1주 간 읽었던 기사 가운데 가장 흥미 있는 기사의 내용을 이야기하고 느낀 점을 이야기하는 시간을 간단히 갖기도 했는데, 가족 간에 서로의 관심사에 대해 알고 시사에 대한 저변을 넓히는 좋은 경험이 되었다. 스마트TV등을 활용하면 화면에 흥미 있는 기사나 관련된 사진 등을 띄워서 상대에게 보여주며 발표할 수 있어 더 재미있게 활동할 수 있다.

이런 활동들을 1건 당 용돈 지급으로 아이에게 동기를 부여할 수도 있고, 아이가 받을 벌을 탕감해주는 방법으로 활용할 수도 있다. 적은 글을 본인 뿐 아니라 다른 사람들이 읽을 수 있도록 블로그 등에 게시하면 지식 생산자로의 활동도 할 수 있어 여러 모로 큰 도움이 된다. 신문을 구독하고 활용하는 습관을 들이자.

어린이 경제신문

구독신청 | 헤드경제 | 이야기경제 | 시사논술 | 생생뉴스 | 경제 유튜브 | 공지사항 | 교육 | 회사

최종편집 : 2021-04-26 16:06 (월)

홈 > 헤드경제

광고 속으로 - 실제 활동을 광고로 표현

어린이 경제신문 | 입력 2020.12.02 17:33 | 댓글 0

행동하는 '개념 배우' 조지 클루니와 커피 광고

> 좋은 커피를 만드는 네스프레소의 손길
> 농부를 위해 지속 가능한 재배를 돕고
> 환경을 위해 매년 50만 그루의 나무를 심으며
> 미래를 위해 알루미늄 캔을 재활용합니다.
> 네스프레소의 손길이 당신의 커피 한 잔의
> 차이를 만듭니다.
> 네스프레소, 왓 엘스(WHAT ELSE)?

'WHAT ELSE?'. 우리말로 '비교할 수 없는' '최고의'라는 뜻을 가진 말입니다. 스위스의 세계적 식품업체인 네슬레의 커피 브랜드, 네스프레소에서 펼치는 광고 캠페인이에요.

그림 2-2. 어린이 경제신문 광고에 대한 기사

N.I.E의 예 1 : 광고에 대한 기사 읽고 나서 한 동재의 감상문 쓰기 활동

오다가다 우리는 많은 광고를 접하게 된다. 광고의 형태도 정말 다양하다는 것은 누구나 실감할 것이다. TV, 유튜브, 지하철, 신문 등등 없는 데가 없다. 서울에서는 747만 명의 사람이 지하철을 사용한다. 이 곳은 사람들이 제일 많이 모이는 곳 중 하나이기 때문에 최고의 광고판이라고 할 수 있다. 그래서 그 지하철 광고를 하려면 매우 큰 돈이 있어야 한다.

대부분 광고는 다 화려한 LED화면으로 하기에 돈이 많이 들고, 홍대입구처럼 사람이 많은 곳은 훨씬 더 든다. 스크린 도어 광고는 한 면에 200~300만원, 영상은 1회 15초 기준 월간 천 만원이 든다. 이렇게 지하철 광고는 별거 아니어 보이지만 상당히 비싸다.

2040년에는 직업의 1/4이 로봇들로 대체된다고 한다. 잘 살기 위해서는 이 로봇들에게 대체되지 않고 잘 살기 위해서 우리는 어떻게 해야 할까? 바로 자신만이 할 수 있는 일을 하는 것이다. 로봇들이 할 수 있는 청소, 서빙과 같은 단순한 일들은 대부분 사라질 것이다. 이런 일들은 누구나 할 수 있고, 로봇들에게 지급되어야 할 시급은 연료로 충분하기 때문이다.

그만큼 로봇도 못하는 직업을 해야 한다. 많은 것들을 공부하여 알고 있는 그 분야의 최강자라면 누구나 당신을 고용할 수밖에 없게 된다. 그래서 많은 것들을 공부하란 것이다. 무엇이든지 상관없이 자신만이 할 수 있고 필요한 것이면 된다. 당신이 꼭 필요하고 쓸모 있는 사람이면 누구든 당신을 고용하고 대체하지 못할 것이다.

N.I.E의 예 2 : 우리나라의 산업에 대한 기사 읽고 한 동재의 요약하기 활동

우리나라는 산업이 매우 발달된 나라이다. 그런데 도대체 우리나라는 어떻게 산업이 발달되어 왔고, 어떤 산업이 주력인지 한번 알아보자. 일단 우리나라의 산업의 발달 과정을 살펴보면, 우리나라는 1960년대에는 농업, 광업, 섬유 공업 같은 산업들이 발달되었다.

그리고, 1970년대로 가면서 섬유, 화학, 조선, 전자, 제철 공업 등의 산업들이 발달되었다. 그리고 그 후부터 자동차와 정밀 기계 공업 등이 발달되었다. 1990년대에 들어서면서 부터는 삼성이 반도체와 컴퓨터, 핸드폰을 만들었다. 우리나라는 산업의 발전으로 몇 차 산업들이 매우 많이 생겨나고 있다.

4차 산업, 정보 기술, 바이오 기술 산업이 발달했다. 우리나라처럼 자원이 부족하지만 지식이 많은 나라들은 이런 산업들이 많이 발달되었다. 또한, 5차 산업과 6차 산업도 있다.

5차 산업은 마음 산업, 여가 산업 같은 것들이 발달된다고 한다. 6차 산업은 1차 산업, 즉 농산물 재배를 바탕으로 2차산업, 특산품 제조가 더해지고, 3차 산업, 체험을 더하여 새로운 부가가치를 창출하는 산업이다.

2.2. 똑똑한 경제습관 2 : 경제 관련 다큐멘터리를 보고 내 생각 표현하기

영상세대인 아이들이 가장 쉽게 받아들일 수 있는 것은 영상매체인 유튜브일 것 같다. 아이와 함께 경제 관련 다큐멘터리를 보고 이야기를 나누어 보는 것도 좋은 습관이 된다고 생각한다. 책을 읽고 이야기하는 것이 가장 좋겠지만 싫증을 쉽게 느끼고 문해력이 약한 아이들을 위해 유튜브 책그림 채널을 추천한다.

양서의 내용을 영상으로 제작한 것으로 진로, 책, 성공습관, 심리, 동기부여, 경제 경영 등 다양하고 짤막하게 제작해 놓아서 아이와 함께 시청할 수도 있고 시청 후 이야기를 나누거나 자신의 생각을 표현해 보게 할 수도 있다.

조금 더 심오하고 깊은 내용에 대해 시청하고 싶다면 EBS 다큐 프라임에서 제작한 <자본주의> 연작(1~5부)을 추천한다. 특히 1부 '돈은 빚이다'는 자본주의에 대한 개념과 돈의 순환에 대해 알 수 있는 내용이라 추천한다. 걸작 다큐멘터리 경제특집 시리즈인 <돈의 힘> 연작(1~6부) 등도 추천한다. 이들 다큐멘터리 모두 유튜브에서 시청 가능하며 내용이 다소 어렵기 때문에 초등학교 고학년 이상이 되어야 이해가 가능할 듯하다.

유명 주식 투자자인 슈퍼개미 김정환 씨의 딸이 운영하는 iANTrillionaire 이앤트릴리오네어 채널도 추천한다. 아빠인 김정환 씨와 함께 한 주식 투자 대화 영상 시리즈인 conversation with dad for investing를 추천하는데, 쉽고 재미있게 주식 투자의 원리와 배경에 대해 공부할 수 있다. 이 외에도 넷플릭스의 '인사이드 빌 게이츠' 등 경제와 관련된 인물에 대한 다큐멘터리를 아이와 함께 시청하기도 했다.

대부분의 아이들이 유튜브를 하면 부모 입장에서는 잔소리를 하게 되고 아이들의 입장에서는 그러한 류의 자극적인 영상들만 유튜브에는 가득하다고 생각할 수 있는데, 이런 생각할 만한 주제의 영상들을 보고 함께 생각을 나눈다면 아이의 경제 아이큐를 한 차례 업그레이드할 수 있는 계기가 되리라 확신한다.

영상 보고 생각 표현하기 예 1 : EBS 다큐멘터리 '돈은 빚이다'를 보고 나서 한동재의 감상문 쓰기 활동

돈은 빚이다

최근에 가족들과 함께 EBS다큐 '돈은 빚이다'를 봤다. 이 다큐는 자본주의를 설명하는 다큐이다. 사람들은 자본주의가 무엇인지 잘 모른다. 정확히 아는 사람은 이 세상에 한 명도 없을 것이다. 이 다큐를 보고 알게 된 사실들을 정리해보자.

그림 2-3. 유튜브 EBS '돈은 빚이다'

자본주의 사회는 진실을 알려주지 않는다.

돈은 당신이 알고 있던 것보다도 더 복잡하다.

돈이 정확히 무엇인지는 알기 어렵다.

그러니 먼저 물가부터 알아보자.

옛날에는 짜장면이 500~1,000원대였다. 하지만 요즘은 적어도 3,000원~5,000원까지 값이 올랐다. 더 비싼 짜장면도 찾기 어렵지 않다. 무려 값이 5배~10배나 오른 것이다. 그런데 어떻게 이렇게 값이 오른 것일까? 바로 돈을 더 많이 찍어 냄에 따라 돈의 가치가 점점 낮아지는 것이다. 그런데 이 돈은 또 어디에서 찍혀서 생기는 것일까? 그리고 이 돈의 흐름은 어떠한가?

대부분의 사람은 돈은 일을 해서 생긴다고 생각하지만, 사실은 이 돈은 각 나라의 중앙은행에서 찍어낸다. 우리나라의 중앙은행은 한국은행이다. 만약에 한국은행에서 1000원을 찍어내면, 다른 은행에서는 이 1000원을 받아 사람들에게 대출을 해준다. 그리고 그 사람한테서 이자 50원을 받아 또 다른 사람에게 대출을 해준다. 이것이 은행이 작동하는 간단한 방법이다.

하지만 계속 이런 식으로만 한다면 나중에는 돈을 대출해 줄 수 없을 정도로 적어질 것이다. 그래서 돈의 양은 시중에는 결국 일정량인데 어떻게 생기는 것일까?

이 무한 생성되는 돈의 이야기는 18세기 영국으로부터 시작된다. 18세기 영국에서는 아직 은행은 없었다. 그 대신에 은행과 비슷한 직업인 금 세공인이 있었다. 이 금 세공인은 금의 안전성을 위해 금을 맡고 보관 증서를 쓰는 사람이었다.

사람들은 서서히 금화가 아닌 금화 보증서로 거래하기 시작하면서 금세공인들은 한가지 아이디어를 냈다. 바로 그 금화를 다른 사람들한테 대출해줬다. 그리고 그들에게서 금화를 받았다. 그런데 더 욕심이 많아진 세공인들은 있지도 않은 돈을 빌려주기 시작했다. 그러자 의심스러운 생각이 들기 시작한 시민들은 자신들의 금을 확인하려고 한꺼번에 금을 찾아가면서 뱅크런이란 현상이 일어나게 된다.

뱅크런이란, 바로 사람들이 한 번에 몰려와서 세공인도 없는 돈을 찾으려는 현상이다. 그 때 영국의 왕이 시스템의 필요성을 느꼈고, 없는 돈을 빌려주는 것을 허락했다. 그리고, 세공인들은 뱅크런을 방지하기 위해 지급준비금을 만들었다. 이 지급준비금은 예금한 돈에서 일정량을 갖는 시스템이었다. 그리고, 이 돈을 나중에 뱅크런이 일어났을 때 예금자들한테 지급했다. 그러니 은행은 없는 돈을 불릴 수 있게 되었고, 돈은 은행이 있는 한, 계속 생성될 수 있었던 것이다. 그리고 이 이야기는 널리널리 퍼져 현재의 은행 시스템의 시초가 되었다.

이 다큐는 자본주의의 우리가 알지 못한 모습들과 그 자본주의에서 살아남는 법 등을 알려주는 유익한 다큐였다. 만약에 돈에 대해서 하나도 모르지만 알고 싶다면 이 다큐를 꼭 한 번 보기를 권유한다.

2.3. 똑똑한 경제습관 3 : 경제 관련 도서 읽고 내 생각 표현하기

'책 속에 작은 세상이 있다.'라는 말이 있듯 책을 읽는 것은 저자의 방대한 지식세계를 압축적으로 맛볼 수 있는 좋은 간접 경험이다. 아이 책을 사주려고 검색하다 보면 우리나라 어린이 경제 도서 시장이 매우 한정적이라는 것을 알 수 있다. 학습 관련 책들이나 흥미 관련 코믹 류는 많은데 경제 관련 도서는 적은 편이라 아이에게 어린이나 청소년 도서 외에 어른들을 위한 도서(주로 만화의 형태로 만들어진)을 많이 구매해 주었다.

아이가 모든 내용을 이해한다고 생각하지 말고 '본인의 그릇'만큼 이해한다고 생각하고 조금 어려운 책이라도 구입하여 읽혀 보길 권한다. 그 중에서 본인이 관심있는 책의 경우에는 독후활동을 하기도 하고, 같은 책을 또래 친구들과 같이 읽고나서 줌을 통해 화상으로 독서토론 활동을 하기도 하였다. 우리 가족이 운영하는 <우리 아이 선한 부자 만들기>카페에서는 정기적으로 독서 토론 활동을 화상으로 하고 있으며 희망하는 사람에 한해 참가가 가능하다.

아래에는 아이가 인상깊게 읽은 책의 내용의 독후 감상문이다. 이외에는 읽은 책의 목록을 아래에 첨부하니 참고하여 아이들 경제 독서 지도에 활용하면 좋을 듯하다.

독후감상문 예 1 : <재무재표 모르면 주식투자 절대로 하지 마라>를 읽고나서 한 동재의 감상문 쓰기 활동>

재무제표가 무엇인가요?

여러분은 주식투자를 할 때 어떤 방식으로 투자를 하는가? 가치투자? 몰빵? 공부? 만약에 주식전문가한테 물어본다면 아마도 전자공시와 재무제표를 자주 본다고 할 것이다.

전자공시라면 주식투자를 하는 사람이라면 한번쯤은 들어봤을 법한데, 그럼 과연 재무제표란 무엇이고 어떻게 해야 하는지 이 책을 통해 알아보자.

그림 2-4. <재무제표 모르면 주식투자 절대로 하지 마라> 책 표지

이 책은 상편과 하편으로 나뉘어 있다. 이 책에서는 상편을 살펴볼 것이다. 이 상편은 2개의 부로 나눠진다. 바로 재무제표와 주식투자 : 재무제표에 대해 알아보고, 손실을 최대한 줄이는 방법. 그리고 check point, 사례실습 등 누구나 주식투자에 대한 약간의 이해가 있다면 잘 이해할 수 있는 구조로 되어있다.

1부에서는 "묻지마 투자는 제발 그만 하자!"이다. 이 묻지마 투자는 주식뿐만 아니라 부동산, 채권, 펀드 등등 많은 투자에도 영향을 끼치는 중요한 점이다. 일단 '묻지마 투자'란, 잘 아는 사람이 추천해줘서, 소문을 듣고 상품을 보지도 않고 사는 투자를 말한다. 예전 이런 재미있는 사례가 있었다. 한 연예인이 친구랑 대화를 하다가 친구가 앞으로 주5일제가 도입되면 사람들이 주말에 펜션을 많이 올 것 같다는 말에 현혹되어, 서해안에 땅을 하나 사두었단다. 그리고 그 연예인은 인기가 점점 떨어지면서 경제적인 어려움을 겪게 되었다. 그래서 이전에 사두었던 서해안 땅을 팔려고 부동산에 내놓았는데, 중개업자는 이 땅은 팔 수 없다고 말해 깜짝 놀라 자신의 땅을 보러 서해안으로 달려갔는데 그 땅이 썰물 때는 보이지만, 밀물에는 안 보였다는 것이다. 이처럼 묻지마 투자는 하지 않는 것이 좋다. 아니, 하지 말아야 한다. 혹시나 오른다고 해도, 그것은 순전히 우연의 일치일 뿐일테니까.

2부에서는 "재무제표는 낙법이다, 낙법을 모르면 죽는다!"이다. 실제로 재무제표는 좋은 기업을 보는 것이 아닌, 나쁜 기업을 피하기 위해 꼭 알아야 하기 때문이다. 예를 들어, 유도를 배우면, 멋지고 예쁜 기술보다는 낙법을 알려준다. 왜냐면, 유도를 이겨도, 자기가 다치면 속수무책이기 때문이다. 재무제표는 자체가 안 좋은 종목을 거르기 좋다. 그러니 우리가 재무제표로 해야 할 일은 똥을 피하는 것이지, 만 원짜리 지폐를 줍는 것이 아니다.

투자를 많이 한 사람한테는 항상 미련이 남는다. 바로 안 오를 것 같던 주식을 팔았더니 대박이 났던 것이다. 또한, 그들은 한번에 엄청난 수익을 마이너스로 만든다. 그러니 항상 재무제표로 안 좋은 회사를 피하자!

나는 2부에서는 갑작스러운 증자에 당황하는 투자자들을 골랐다. 이 글은 정말 다양하고 쓸모 있는 내용들을 담고 있어서다. 일단 증자가 무엇인지부터 알아보자. 증자란 주식회사에서 주식을 더 많이 발행하는 것이다. 이뿐만 아니라 주식이 더 싼 가격으로 발행된다. 이 증자는 주가에 악재인데, 기업들이 증자를 쓰는 이유는 무엇일까? 증자는 설비투자나 성장동력이 되긴 하지만 대부분 다 악재이다. 그래서 이 증자를 쓰는 이유는 회사에 돈이 필요하기 때문이다. 증자를 할 때에는 이 증자를 하는 이유를 공시하는데, 이 공시를 다 믿으면 안 된다. 신문들도 다 믿으면 안 된다. 남한테 얘기만 듣는 것 뿐만 아니라 정보를 스스로 모으고 분석해야 하기 때문이다. 왜냐면 신문이나 공시가 말하는 대로 생산설비의 확층이나 대비한 확대가 아닐 수 있다. 그러니 우리는 증자를 잘 살펴봐야 한다.

그리고 난 3부에서는 좋은 기업에 투자하지 말라를 골랐다. 이 말은 이상한 소리 같아 보이지만 일리가 있는 말이다. 좋은 기업에 투자하지 말아야 할 이유는 바로 망함의 전형적인 방식이다. 1. 좋은 회사를 찾는다, 2. 돈을 올인해서 투자한다. 3. 망함.

그리고 이 말이 일리 있다는 두 번째 이유를 한번 예로 들어보겠다. 당신이 백화점에서 쇼핑을 하면, 명품 옷을 찾아 다닐 것이다. 그리고 찾으면 가격을 보고, 상태를 확인하고, 조용히 나간다. 주식에서도 이렇게 투자를 해야 한다. 수익을 내기 위해 필요한 것은 좋은 기업을 사는 것이 아닌 좋은 기업을 싸게 사는 것이다.

독후감상문 예 2 : <주식회사 6학년 2반>을 읽고나서 한 동재의 감상문 쓰기 활동

어린이를 위한 주식 책

이 책은 초등학교 6학년이 주식회사를 만드는 스토리이다. 처음에는 이 어려운 일을 어떻게 해낼까 싶었지만 결국은 성공한다. 이 스토리는 이렇게 시작된다. 6학년 2반에 시골 아이 준용이가 전학 온다. 그리고 수업중에 '거울왕자'라는 별명을 가진 진수가 주식회사를 설립하자는 의견을 제시한다. 준용이는 이 의견을 적극 받아들인다. 준용이는 우선 준수와 함께 문구점을 낼 계획서를 준비하고 교장 선생님의 허락을 받아낸다. 그리고 이 과정에서 주식을 발행하여 매출이 발생되면 돈을 나누어 주기로 한다. 이들은 점차 다른 회사를 설립하여 돈을 불리면서 돈에 대해 많이 알아가게 된다. 특히 외상과 통장, 이자, 투자에 대해 많이 배웠다. 주식 투자에 대해 관심을 가지고 있는 어린이가 있다면 이 책부터 읽어보길 추천한다.

그림 2-5. <주식회사 6학년 2반> 책 표지

독후감상문 예 3 : '가치투자 금융에서 주식까지'를 읽고나서 한 동재의 감상문 쓰기 활동

가치투자 금융에서 주식까지

슈퍼개미 김정환은 이렇게 말했다.

"결국 주식은 가치투자입니다."

그가 현재 가치투자로 얻은 돈이 주식만 몇백억이라 한다. 이 책에서는 이 가치 투자의 특성, 성분, 용어, 방법들을 아주 친절하고 재미있게 만화로 설명해주고 있다.

이 책은 금융의 천재들의 이야기이고, 2개의 파트로 구성되어 있다.

첫 번째 파트는 경제를 알기 위해 필요한 경제 상식을 알려주는 장이다. 여기에서 나는 경제의 모든 것을 좌우하는 환율에 관한 이야기가 가장 인상적이었다. 이 책에서 환율이 무엇인지에 대하여 설명하기 위해 예를 하나 들었다. 만약에 달러가 귀하면 달러를 사기 위해 원을 더 많이 내야하고, 달러가 흔하면 원을 더 적게 내고도 같은 달러를 살 수 있다는 것이다.

그리고 이와 연관된 경제의 영향을 하나 들었다. 바로 이 달러의 가치가 바뀜으로써 얻는 손해이다. 이 손해를 입는 곳은 다른 나라의 돈을 가지고 있는 수출업과 관련된 곳이다. 만약에 달러의 가치가 떨어지면, 이런 곳들은 엄청난 손해를 보게 될 것이고, 그로 인해 정부가 기업들을 도와주는 사례이다.

다음은 경기에 관한 것이다. 우리는 흔히 “경기가 안좋다”는 말을 많이 듣는데 과연 경기가 안좋다는 말은 무슨 뜻일까? 이 경기는 바로 경제 상황을 뜻하는 단어이다. 경기는 경제에 상황을 표현하기에 좋은 용어이다.

경기는 이 환율과 밀접한 관계가 있다. 환율이 안 좋아지면 그 나라 경기가 좋지 않은 경우가 대부분(예를 들자면 독일의 인플레이션)이다. 갑자기 나라가 망하거나, 나라의 주요 사업이 망하는 등의 사건이 있으면 경기가 안 좋을 것이다.

그리고, 물가는 무엇일까? 물가는 모든 아이템, 즉 서비스, 제품 등을 모든 가 격의 조합을 평균한 것이다. 예를 들어 자동차의 물가는 세계의 자동차 값을 모두 평균한 것이다. 이 물가는 세계마다 돈의 가치가 달라서 나라마다 모두 다를 것이다.

독후감상문 예 4 : '이솝우화로 읽는 경제 이야기'를 읽고 나서 한 동재의 감상문 쓰기 활동

이솝우화로 읽는 경제 이야기

이솝우화는 매우 유명한 동화이므로 다들 알 것이다. 이 이솝우화에는 여우의 신 포도, 토끼와 거북이 등의 이야기가 있다. 이 책은 그 이솝우화들을 몇 개 모아서 경제와 연관시켜 들려준다. 친숙한 스토리를 어려운 경제 개념들과 연결해서인지 친숙하고 재미있게 경제를 이해하는데 도움이 되는 책이라 추천하고 싶다.

그림 2-6. <이솝우화로 읽는 경제이야기> 책 표지

독후감상문 예 5 : <어린이 경제특강>을 읽고 나서 한 동재의 감상문 쓰기 활동

딱1시간만에 깨치는 어린이 경제특강

어린이 경제특강 책은 어린이가 알아야 할 경제 지식들을 재미있게 담은 책이다. 만화로도 재미있게 표현해주니까 재미도 있고, 쉬워서 아이들이 접근하기는 괜찮은 책인 것 같다.

예를 들어 은행은 어떻게 돈을 벌까?에서는 바빌로니아 시대를 배경으로 이야기를 시작되는데 이자, 대출 등 사실 아이들을 이해시키기 어려운 경제 개념들을 아주 쉽게 만화로 설명해주니까 금방 이해가 된다. 술술 읽히니까 딱딱한 경제에 대한 책이지만 읽다 보면 시간이 언제 지나갔는지 모를 정도이다. 이 책은 유익함과 재미라는 두 마리의 토끼를 모두 잡은 책이라고 볼 수 있다. 돈을 올바르게 사용하는 방법, 저축, 광고 등 누구나 꼭 알아야 할 상식들이지만 아이들은 잘 모르는 것 같다. 이 책을 통해 기본적인 경제 개념들을 잘 익혀두면 좋겠다는 생각에서 적극 추천하고 싶다.

그림 2-7. <어린이 경제특강> 책 표지

표 2-1. 아이가 읽는 경제 관련 도서 목록

제목	토론도서	비고
딱 1시간만에 깨치는 어린이 경제 특강		1번째로 읽는 책
주식회사 6학년 2반		2번째로 읽는 책
만화 주식투자	독서토론	
이솝우화로 읽는 경제 이야기 리뷰	독서토론	
50대 사건으로 보는 돈의 역사	독서토론	
가치투자 금융에서 주식까지	독서토론	
Money IQ(초록 개구리)	독서토론	
청소년 돈 스터디	독서토론	
맨큐의 경제학		엄마와 함께 토론
하마터면 돈 모르고 어른 될 뻔 했다		
나의 첫 투자 수업		
초등 경제 퀴즈 동화		
돈을 아는 아이는 꾸는 꿈이 다르다		
이야기 고전 봉이 김선달		
만화로 보는 블록체인		

2.4. 똑똑한 경제습관 4 : 투자가 곧 공부

투자보다 더 짜릿하고 재미있는 공부는 없을 것이다. 내 돈이 들어갔는데 그 돈이 오르기도 하고 내리기도 아니 재미가 없을 수가 없다. 처음 아이 명의로 주식 계좌를 개설해 준 후 아이는 스마트폰 앱으로 자신이 산 주식의 등락을 지켜보며 매우 흥미로워했다. 특히 주식 말고도 다양한 투자 수단이 있다는 걸 알고 매우 신기해 했는데, 아이가 궁금해 하고 알고 싶어하는 내용들이나 개념들을 구글링을 통해 알아보고 정리해 보며 생소한 용어들을 익히도록 했다.

투자가 곧 공부 예 1 : 알고 싶은 개념들에 대해 동재가 조사하고 정리한 내용

재테크의 종류

재테크의 종류는 다양하다. 우리가 잘 아는 부동산, 주식 이외에 예금이나 적금, 연금도 재테크의 하나이다. 그 외에도 환전도 재테크이나 채권, 비트코인, 금 등도 모두 재테크의 수단이다. 그만큼 돈을 버는 방법들이 많고 다양하다. 재테크는 어떤 것이 더 좋다거나 나쁘다고 볼 수 없다.

재테크는 크게 두 가지로 분류할 수 있다. 리스크가 큰 것과 낮은 것. 대표적으로 리스크가 큰 것이 비트코인, 주식, 부동산 등이다.

그림 2-8. 부동산 © Tama66, 출처 Pixabay

하지만 돈을 잃기도 매우 쉽기 때문에 잘 분석하고 접근하여야 한다. 반면 리스크도 적고 안정적인 것들에는 펀드나 적금, 연금 같은 것들이 있다. 이런 것들은 안전 재산 같은 용도이다.

펀드는 우리가 아닌 투자 고수가 직접 하여 안전성이 있고, 적금이나 연금은 떨어질 가능성은 없다. 그저 저장을 해 두는 것이 때문이다. 하지만 그렇다고 해서 리스크가 있는 것이 무조건 나쁘다거나 망하는 것도 아니고, 안전한 방식으로 대박을 노려볼 수 없는 것도 아니다. 그러니 한가지 방식의 재테크만 할 것이 아니라, 다양한 재테크 방식들에 투자하는 것이 좋다.

주식을 하게 되면서 아이는 주식뿐만 아니라 당시 예비 상장 주식이었던 카카오게임즈 청약에 도전하기도 했다. 물론 청약은 되지 않았지만 주식이 상장되기 전후의 변화와 주가에 대해 공부를 하고 그에 대한 내용을 정리하는 등 본인이 경험하고 배운 것들을 정리하며 많은 공부를 했다.

투자가 곧 공부 예 2 : 주식에 대해 동재가 조사하고 정리한 내용

주식 판돈으로 만든 주식회사

과연 주식회사는 무엇으로 돈을 버는 걸까? 주식회사는 주주들이 산 돈으로 회사를 경영한다. 주식회사를 쉽게 설명하자면, 누군가 가게를 열었는데, 가게가 잘 되어서 다른 사람이 프랜차이즈를 열어도 되는지 물어본다. 그리고 승낙하는 그 순간, 그 가게는 주식회사가 된다. 그리고 주식을 가진 사람이 그 회사의 주인이 되는 것이다. 몇 사람이 사고 팔 때는 주인이 바로 바로 승낙을 해주면 되지만, 수없이 많은 사람들을 대상으로 사고 팔 때는 그러기 쉽지 않으므로 공개적으로 할 수 있도록 만든 제도가 주식 시장인 것이다.

카카오게임즈 청약은 주식 시장에 처음 상장이 될 때 그 주식을 사는 절

차이다. 주인으로부터 바로 사던지 공개된 주식시장에서 사던지 이 모든 행위는 투자이고, 그걸 가진 사람이 바로 주주인 것이다. 주식회사는 주식을 팔아서 돈을 모으려면 자신의 회사가 성공할 가능성이 많다는 것을 주주들에게 보여주어야 한다. 그 회사의 주식의 값어치가 높다고 보여지면 주식의 값이 오른다. 주식은 미래가치를 보며 투자를 하고, 그걸 내세우는 회사가 주식회사란 것이다.

그림 2-9. 구글의 카카오 게임즈 주가 페이지(2021년 4월 28일 기준)

2021년 4월 25일에 지난 6개월간의 카카오게임즈의 주가를 검색했는데 2020년 9월 16일부터 주식가격이 조회된다. 카카오 게임즈가 처음으로 주식을 상장한 날이 9월 16일이고, 상장

당시에는 66,000원이었지만 이후 시간이 지나면서 4만원에서 5만원대를 오르락 내리락 한 것으로 보인다. 카카오게임즈에 투자를 하려는 사람들이 평가한 카카오게임즈의 주가는 2021년 4월28일 기준으로 현재 55,500원인 것이다.

미국 주식을 하면서는 아이는 환율에 대해 공부를 하기 시작했다. 환전은 아빠가 했지만 아이가 환전한 돈으로 미국 주식을 구입했기 때문에 아빠가 대략적인 개념을 설명해주었고 아이가 구글링을 하거나 책을 보며 세부적인 내용을 알아 나갔다. 아이는 투자라는 행동 자체가 곧 공부라는 것을 알아갔다. 아이가 조사한 내용 중 다소 이상하고 틀린 내용이 있어도 굳이 지적하지 않았는데, 흥미를 잃지 않고 공부하는 것이 더 중요하다고 생각했기 때문이다.

투자가 곧 공부 예 3 : 환율에 대해 동재가 조사하고 정리한 내용

환율은 무엇인가?

환율은 국가간 돈의 차이를 말하는 것이다. 우리는 왜 환율을 알아야 하는 것일까? 바로 그 나라의 재정 상태에 따라 환율이 오르고 내리기 때문이다. 환율은 말했다시피 돈끼리의 차이를 말한다. 그 나라의 재정 상태가 안 좋아지면 돈을 더 많이 찍어낸다. 그러면 돈의 가치가 하락하여 환율도 하락한다. 이렇게 환율은 그 나라 재정 상태에 매우 밀접한 관계를 가지고 있는 것이다.

예를 들어 우리나라의 원의 미국의 달러에 대한의 차이는 대략 1:0.00084이다. 미국의 1달러가 우리나라 돈 1200원 정도가 되는 것이다. 어제 나는 대구에 내려가서 할머니와 친척들이 용돈으로 준 30만원을 242달러에 바꾸었다.

그림 2-10. © sharonmccutcheon, 출처 Unsplash

1달러당 1,236.51원에 바꾼 것이다. 242달러 * 1,236.51달러 = 299,235.42이고 환율을 하고 남은 784원은 예수금으로 남아 있다. 이런 우리나라의 돈과 달러를 환전할 때 환율은 아주 중요하다고 할 수 있다.

환율을 말할 때 우리는 미국을 많이 참고한다. 왜냐하면 미국은 전세계적으로 가장 영향력이 있는 나라이기 때문이다. 미국은 경제력, 노동력, 토지 등 모든 부분에서 힘을 발휘한다. 그리고 이런 미국의 달러를 우리는 "기축통화"라고 하고, 이 미국의 달러와 그 나라의 돈과의 환율을 "기준환율"이라고 한다. 그리고 이 환율들은 수시로 바뀐다. 그리고 이것 때문에 많은 나라들이 영향을 받는다.

그리고 환율은 주식 시장에도 많은 영향을 일으킨다. 예를 들어 우리나라의 환율이 낮아지면, 돈의 가치가 올라가므로 주식의 가격도 많이 오를 것이라고 예상을 할 수 있다. 지금과 같은 코로나 사태로 나라들이 수입과

수출 등 경제 활동에 제약을 받게 될 때는 돈은 점점 희귀해지면서 환율이 낮아지고, 안정된 자산인 금의 값은 폭등할 수 있다. 즉, 자연상황의 악화, 테러, 재난 등으로 인해 환율이 낮아지고, 수출이 잘 되거나 돈이 많아지면 환율이 오르는 것이다

2.5. 똑똑한 경제습관 5 : 스스로 돈을 벌어보자

아이가 꾸준히 투자를 하려면 소득이 발생해야 하니, 아이가 일을 할 수 있도록 기회를 주기로 했다. 즉 아이가 하는 각종 집안일에 대해 일정 수당을 주기로 한 것이다. 아이에게 집안일을 시키는 것이지만 아이에게 좀더 책임감을 부여해주기 위해 이와 관련해서 정식으로 근로계약서를 썼다.

그리고 우리집에서만 사용하는 가상화폐 제도를 도입하기로 했다. 이유는 아이가 집안일을 할 때마다 아이에게 매번 용돈을 현금으로 찾아 지급하는 것이 번거로웠기 때문이다. 다이소에서 냉장고에 붙일 수 있는 원형자석을 구입해서 파란색은 1천원, 노란색은 500원의 가상화폐로 사용하기로 했다.

가상화폐는 아이가 이름을 빡빡비트로 지었고 "BT"로 표기하기로 했다. 1BT는 500원이다. 집안일에 대한 봉사료는 동재가 책정했고 나머지 세금 등은 엄마, 아빠가 책정했다. (예를 들어 설거지는 1BT이고 500원의 가치가 있다.)

동재 용돈 계약서

본인 [ ] 는 부모님을 위해 아래의 일들을 하겠습니다.

♡ 설거지(2BT)

♡ 고양이 똥 치우기(1BT)

♡ 블로그 쓰기(2BT)

♡ 방 정리 하기(1BT)

♡ 세탁기, 건조기(1BT)

♡ 앞, 뒤 베란다 쓸기(1BT)

♡ 동생 책 읽어 주기(1BT)

♡ 음식물 쓰레기(1BT)

---기타---

소득세 매달 소득 10%,

교환비(-1BT), 1BT는 500원에 해당, 1개의 노란 자석,

10개는 파란 자석

서명자 : 백동재 (서명)

날 짜 : 2021년 4월 24일

그림 2-11 동재 용돈 계약서

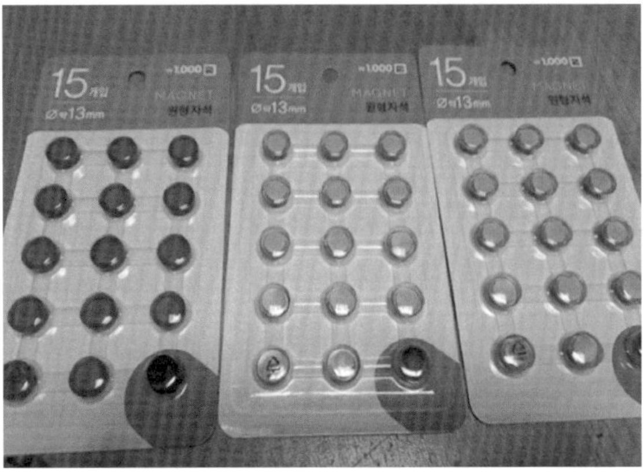

그림 2-12. 빡빡비트로 삼은 가상통화

매달 소득의 10%를 소득세로 내고 BT를 원으로 교환하는데 1회 1BT의 수수료가 든다. 또한 소득세를 자진 납부하지 않을 경우에는 벌금 5BT를 납부하며 컴퓨터 9시 이후 사용, 학교와 학원에서 숙제 안 했다는 연락이 오면 1BT를 차감하기로 하는 식이었다. 이 약속은 세금과 벌칙금의 개념을 알려주기 위해 도입한 것이다. 아울러 몸무게를 1kg을 2주일 안에 감량할 경우 20BT를 지급하기로 하는 등 보너스의 개념도 도입했다.

아이는 생일선물로 받은 문화상품권 2만원 중 1만원은 아빠에게 현금화(수수료 2,000원)해서 다이소에서 레고를 사고 남은 문화상품권 1만원 역시 아빠에게 현금화(수수료 500원)해서 자기 주식 계좌에 넣었다. 앞으로는 근로소득인 BT를 모아서 주식을 살 예정인데 비싼 주식은 사기가 어려우니 용돈을 모아 살 수 있는 저평가된 종목을 발굴해 본다고 하는 등 일하는 것에 대해 상당히 적극적인 면모를 보였다.

흔히들 아이에게 투자 공부를 시킨다고 하면 '일하는 것'은 안 시킨다고 생각들을 하는데, 돈을 투자하고 투자한 돈을 재투자하기 위해서는 현금 흐름이 꼭 필요하다. 현금이 있어서 적정 시점에서 투자를 진행할 수도 있고 현재 상황에서 내가 즐길 거리들을 마련할 수도 있다. 아이는 주식을 사지만 매도는 하지 않는데, 자신이 고른 우량주들이 자신이 자는 시간에 일하는 것을 즐거워하기 때문이다. 그리고 그 주식들을 팔지 않고 더 사서 모으기 위해서는 일을 해야 하는 것도 알고 있다. 일하는 것이 곧 자산을 지키는 똑똑한 경제 습관인 것이다.

2.6. 다 같이 생각해보기

그림 2-13. 동재가 본 책들

1. 어린이 경제 신문이나 관련 잡지를 읽고 같이 토론을 해보자

예) 모범택시와 택시는 왜 가격이 다르고, 어떤 사람이 이용할까?

예) 대형마트 등에서 비닐포장 등에 담긴 '1+1' '4+1'과 같은 할인 상품이 사라질 것으로 보인다. 정부의 재포장금지법 시행에 따른 소비자 불만이 쏟아져

2. 경제 관련 다큐멘터리를 같이 시청하고 토론을 해보자

예)고학년은 EBS의 '돈은 빚이다' 시리즈를 같이 시청하고 토론을 해보자.

저학년은 "기획재정부의 [어린이 경제교실 UP!] 16. 금융과 자산관리_저축과 자산관리" 유튜브를 같이 보고 토론을 해보자

3. 경제 관련 도서를 읽고 토론을 해보자

예) 네이버 카페(cafe.naver.com/kidbuja)의 어린이 독서 토론 모임에 참여하는 것도 좋습니다.

4. 다양한 투자방법에 대해서 알아보자

예) "투자가 곧 공부"장을 보면서 다른 투자 방법에 대해서도 알아보자

그림 2-14. 동재가 건물주 마블 게임을 하는 모습

어린이가 부동산 투자를 해 볼 수는 없지만, 보드게임을 해볼 수 있다. 건물주 마블 게임 후기를 참조해보자.(https://cafe.naver.com/kidbuja/723)

5. 스스로 돈을 버는 방법을 생각해보자.

예) 빡빡비트로 엄마와 어떤 일을 하고 얼마를 받을지 협상을 해보자.

당근 마켓에 중고품거래, 헌책 팔기, 빈 병 모으기

Part 3.

이제
실전 투자를
해보자

3. 이제 실전 투자를 해보자

아이는 인천대 영재원을 다니면서 수업시간에 6단논법(틀 작성하기)을 하는 방법을 배웠다고 한다.

우선 "줄기세포 연구"를 주제로 다음과 같은 6단논법으로 스토리를 구성해 보니 나의 생각이 더 명확하게 잘 정리되었다. 이와 같은 방식으로 여러분도 부자가 되기 위한 자신만의 원칙과 방법을 만들어 보면 좋겠다는 생각이 든다.

제기 (안건)	인간 유전자는 특허 대상이 아니다. 만약 이 유전자가 특허대상이라면, 사람들은 자신의 유전자를 팔아서 돈을 벌려고 할 것이다. 과연 누군가의 유전자를 사고 파는 것은 과연 옳은가?
결론	나는 인간 유전자를 거래하는 것은 잘못이다.
이유	인간의 유전자를 거래하면 사람의 개성을 잃을 수도 있고, 그에 따른 위험성도 있다. 그리고 그 과정이 매우 복잡할 것이다.
설명	일단 특허를 내려면 먼저 유전자를 채취해야 하는데, 크기가 작아서 채취는 거의 불가능할 것이다. 그리고 유전자는 그 사람의 개성이자 존재이기에, 그것이 사라지면 사람이 죽을 수도 있다. 그리고 어렵게 채취했다고 해도, 그 유전자를 자신의 유전자와 합성하기 위해서는 많은 시간이 소요될 것이다.
반론 꺾기	유전자가 위치하는 곳은 몸 속의 혈관 쪽 밖에 없다. 다른 곳에서 유전자를 채취하기는 어렵다.
정리	사람의 유전자를 특허 신청할 확률도 희박하고, 목적도 비윤리적이기에 해서는 안 될 일이다. 그러니 특허로 유전자를 사고 파는 일은 해서는 안 된다.

논법으로 상대를 설득하기 위한 글의 원칙이 있듯이, 어린이가 경제를 이해하고 시간에 투자와 소액으로 가능한 것은 주식이 가장 좋을 거 같아서 아이에게 주식을 투자하는 방법과 스스로의 원칙을 가지도록 해보았다.

3.1. 은행에서 주식 계좌를 만들어보자

2020년 5월에 우리 부부는 동재에게 어린이 주식계좌를 개설하고, 삼성전자 주식도 2주를 사주었다. 그리고 앞으로 투자할 해외주식 마이크로소프트는 시가총액이 삼성전자의 10배라는 사실도 알려주었다.

처음부터 증권사에 가서 계좌를 만든 것이 가장 좋으나, 증권사 지점은 많지 않아서 은행에서도 증권사 계좌 개설이 가능하다.

주식계좌를 개설하기 위한 준비물은 다음과 같다. 아이의 기본증명서(상세), 부모의 가족관계증명서(상세), 아이의 도장, 부모의 신분증이다. 아이의 도장은 은행에 따라서는 요구하지 않는 곳도 있지만 일단은 준비해 가는 것이 좋다.

◈ 가족관계 증명서(자녀 중심)

◈ 아이의 기본 증명서(자녀 중심, 상세) ⇨ 반드시 상세로 발급

◈ 신분증 ⇨ 주민번호가 나오도록

통장이 있으면 되지만 통장이 없으면 발급받아야 한다.

도장이 있으면 챙겨 가면 좋지만 없어도 되기는 한다. 아래 웹사이트 가족관계증명서, 기본증명서가 발급이 가능하다.(https://efamily.scourt.go.kr/index.jsp)

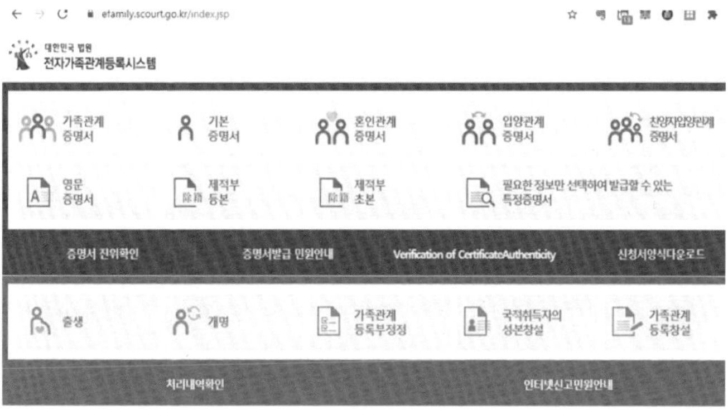

그림 3-1. 전자가족관계등록시스템 웹사이트

처음에는 k은행에서 계좌개설에 도전했지만 거절이 되었다. 아래 3가지 조건에 걸리는 게 있는지 확인하고 계좌를 개설하는 것이 좋다.

1) 집 근처가 아닌 경우
2) 직장 근처가 아닌 경우
3) 어린이이지만 20영업일이내 다른 은행이나 증권사에서 계좌를 만든 경우에도 불가능하다.

그 외 주 거래 은행이 아니면 통장을 잘 안 들어 주고 만들어 준다고 해도 30만원 정도의 출금만 가능한 통장을 만들어준다. 주식거래를 위한 증권사의 통장으로 직접 넣어주면 되니까 문제가 안 된다. 기업은행에서 창구에서 20분정도 걸려서 증권사 연계 계좌를 만들었다.

아이는 현재 3개의 증권사 통장을 가지고 있다.

증권사	역할	보유주식
대한투자신탁	카카오게임즈 청약을 위해서 개설	LG 화학, 삼성전자
KB증권	주식 운용 계좌	애플, 삼성전자, MS 등
키움증권	주식 교육 수강 후 받은 계좌	포스코 ICT

3.2. 증권사에서 인터넷뱅킹 하기

오프라인으로 은행에 가서 증권사 계좌를 만든다고 끝이 아니다. 실제 사용을 하려면 증권사의 인터넷 아이디를 등록을 해야 한다. 자신이 등록한 증권사의 홈페이지 가서 회원가입을 하여야 인터넷이나 모바일로 거래가 가능하다.

그림 3-2. 증권사 회원 가입하기

아이의 계좌 등록 과정에서는 아이의 투자성향까지 등록을 하게 되어 있어서 아이와 충분히 여러가지 대화를 나누며 천천히 진행해야 하므로 충분한 시간을 가지고 하는 것이 좋다.

그림 3-3. 증권사에서 계좌 등록 완료

증권사는 고객의 투자성향을 파악을 하는데, 파악된 성향에 따라 적합한 투자권유를 위한 기초 자료로 활용을 하는 것이다.

이제 주식을 사기 위한 절차는 모든 것이 끝이 났다.

3.3.처음 주식 투자하는 분을 위하여

주식투자의 원칙이 있으면 좋겠지만, 처음으로 시작을 할 때는 무엇을 시작해야 할지 두렵다. 다음이나 네이버 금융에는 국내 시가총액 상위순서가 정리 되어있다.

순위	종목명	현재가	전일비	등락률	시가총액	상장주식수	외국인
1	삼성전자	81,500	▲ 100	+0.12%	4,865,373	5,969,782,550	54.60%
2	SK하이닉스	135,500	▼ 1,000	-0.73%	990,083	728,002,365	49.74%
3	LG화학	893,000	▲ 32,000	+3.72%	630,390	70,592,343	44.80%
4	NAVER	370,500	▲ 9,000	+2.49%	609,417	164,263,395	57.22%
5	삼성전자우	72,400	▼ 100	-0.14%	595,770	822,886,700	78.42%
6	현대차	229,500	▼ 2,000	-0.86%	491,437	213,668,187	30.69%
7	삼성바이오로직...	693,000	▲ 6,000	+0.87%	459,847	66,165,000	10.37%
8	삼성SDI	644,000	▲ 8,000	+1.26%	442,844	68,764,530	43.56%

그림 3-4. https://finance.daum.net/domestic/market_cap

국내 시가 총액 순위 10위안에서 자신이 관심있고 좋아하는 종목으로 먼저 투자해보는 것을 추천한다.

표 3-1. 국내 시가 총액 순위(2021년 3월 10일 기준)

순위	종목명	현재가	시가총액
1	삼성전자	81,400원	486조
2	SK하이닉스	135,500원	99조
3	LG화학	893,000원	63조
4	네이버	370,000원	60조

☆ 시가총액 : 주가와 발행 주식수를 곱한 것으로 상장회사 혹은 기업 가치를 평가하는 지표이다. 시가총액이 크다는 것은 실적 뿐 아니라 미래의 성장에 대한 기대도 크다는 것을 의미한다.(출처 : 위키백과)

미스터캡(http://www.mrktcap.com/)은 전 세계의 시가총액을 보여주고 있다.

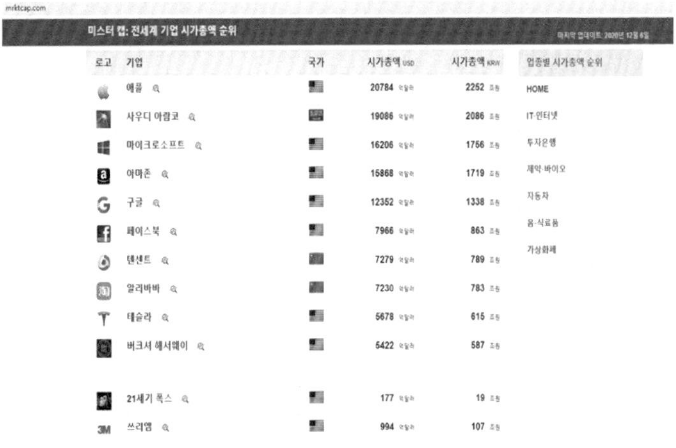

그림 3-5. 전세계 시가총액 마켓캡 홈페이지 캡쳐

아들의 첫 투자는 전 세계 1위 회사인 2,252조의 애플과 시가총액 1,756조의 세계 3위 마이크로소프트, 그리고 국내 1위 회사인 삼성전자, 자신이 좋아하는 블리자드의 액티비전 블리자드로 구성을 해서 투자를 시작하였다.

3.4. 로블록스 기업 분석과 대출로 투자하기

제일 처음 투자는 시가총액 순위의 안전한 투자로 시작을 하였다면, 자신만의 투자 포트폴리오를 구성해보는 것도 필요한데, 그때 필요한 것이 주식회사인 기업을 분석해보는 것이다.

로블록스는 요즘 내가 가장 많이 하는 게임 회사이다. 이 로블록스에 대하여 오늘 기업 분석을 해 볼 건데, 로블록스는 전자공시에 이름이 있지 않아서 미국의 전자증시와 같은 역할을 맡고 있는 사이트 https://www.sec.gov/edgar/searchedgar/companysearch.html에서 검색을 해봐야 했다.

일단 로블록스의 시가총액은 대략 100억원으로, 다른 게임 회사인 블리자드의 시가 총액인 64억을 가뿐히 넘기는 게임계에서 그래도 괜찮은 회사인 것 같다. 리뷰를 보니 평점이 4.4점(구글 플레이 스토어 기준)으로, 역시 준수한 평점을 보유하고 있다. 하지만 로블록스는 최근 유행에는 벗어나 있어 게임 인기 순위권에는 들지 못한다.

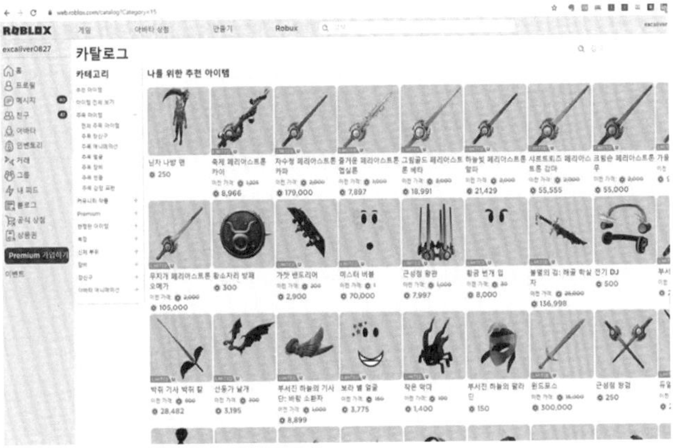

그림 3-6. 로블록스 홈페이지 아이템 캡쳐

요즘은 리그오브 레전드의 갑작스러운 폭상, 혜성 같이 등장한 카트라이더 모바일 때문에 예전의 인기순위에서 많이 내려왔다. 로블록스가 상승하기 위해선 더 많은 종류의 게임, 장르등이 필요할 것 같다. 그래도 로블록스는 충분히 가치가 있다. 로블록스의 정보를 한번 총정리해 보았다.

- 시가 총액 : 대략 100억
- 주식의 가격 : 아직 거래가 안되지만 올 8월에는 할지 모름.
- 거래대금(주식 등등을 사고 판 돈) : 대략 11억
- 시가총액의 점유율(그 분야에서 팔린 비율) : 0%
- 현재 시가총액 현황 : 내려가는 중...

- 시가총액 증감 : 어제보다 11% 감소(8월19일 기준)

- 정리 : 새 컨텐츠가 등장하면 로블록스는 주가가 오를 가능성 이 매우 큼. 만약 주식이 상장하면 조금 지켜보다가 구매 예정. 로블록스는 그 가치에 어울리지 못하는 주가가 될 가능성이 있어 향후 오를 가능성이 높고, 현재의 게임 트렌드를 타고 성장할 가능성이 높기 때문임.

2020년 8월에 로블록스 기업분석을 했지만, 로블록스는 2021년 3월에 미국에 상장이 되어서 사지는 못했다. 2021년 3월 16일에 로블록스가 미국 주식시장에 상장되었다. 하지만 나는 돈이 없었다. 예수금이 10,000원도 안되서 한주는 개뿔 정상제일에스 하나 살 돈이었다.

그래서 나는 대출 계약을 하기로 했다. 5년 동안 집안일을 착실히 한다고 하면 로블록스를 5주 사주고, 그걸로 대출을 갚고, 하루라도 제대로 안하면 로블록스를 파는 것이다. 로블록스 주가는 한국돈 정도에서 5주를 하니 50만원정도의 대출을 내서 로블록스 주식을 매수한 것이다.

그림 3-7. 로블록스 주가

저번에 채권에 대해서 말했는데(https://blog.naver.com/jay7vector/222276746053), 채권으로 치면 국채 같은 것이다. 나라는 국채가 주식을 받고 그 이자를 노동력으로 갚는 것이다. 한마디로 5년짜리 채권이 되는거다. 한국 5년짜리 채권이 되는 것이다. 하지만 제일 좋은 것은 현금 흐름을 얻어서 채권이 아닌 주식이 되야한다. 로블록스 주식이 올라야 할텐데..

3.5. LG화학, 삼성전자 기업분석

이번에는 나의 포트폴리오에 전문가의 의견과 같은 객관적인 관점들을 추가하여 포트폴리오를 구성해 보려고 한다. 일단 전문가들의 말로는 이제 우리나라가 요즘 전세계적으로 비중 있는 사업군에서 1~2위를 차지하는 것들이 많고, 앞으로는 1, 2위와 3, 4위간의 격차가 매우 클 것이라고 한다. 또한, 이제는 독과점이나 혁신적인 사업들이 잘 될 것이라고도 한다.

최근에 주목이 집중되고 있는 산업들이 2차전지, CMO, 전기차, 반도체 등인데, 현재 우리나라가 1등을 하고 기업은 LG화학, 삼성바이오로직스, 삼성전자, 삼성SDI가 있다. 나는 이 회사들 중에서 LG화학과 삼성전자를 선택하였다.

LG화학은 우리나라에서 가장 앞서서 화학제품을 만드는 기업이다. 최근에는 2차전지를 만들어 테슬라에게 납품하려고 준비하고 있다. 만약이 테슬라와의 거래가 성사된다면 LG화학의 주가는 앞으로 크게 오를 것으로 전망된다. 실제로 뉴스에서도 테슬라가 LG화학의 전지를 쓸 것 같다고 하니 앞으로의 성공이 예상되는 기업이다.

총 자산금액	1,267,425
예수금	13,025
청약자예수금	0
외화평가금액	0
평가손익금액	189,600
신용대출금액	0

구분	금액
유가매입금액	1,064,800
유가평가금액	1,254,400

종목명	종목번호	보유수량	매입평균	매입금액	익일수량	주식담보	매도담보	선물대용
	종목구분	주문가능	현재가	평가금액	D+2수량	대여	대출잔액	대용금액
삼성전자	005930	6	57,300	343,800	6	0	0	0
	현금	6	72,900	437,400	6	0	0	349,920
LG화학	051910	1	721,000	721,000	1	0	0	0
	현금	1	817,000	817,000	1	0	0	637,260

그림 3-8. LG화학, 삼성전자 잔고

삼성전자는 우리나라 기업들 중에서 가장 강한 기업이라고 할 수 있다. 삼성은 국내 뿐만 아니라, 삼성전자의 사장이 워렌 버핏과 이야기를 나눌 만큼 세계적으로 인정받고 있는 기업이라는 생각이 든다. 한마디로 우리나라의 애플인 것이다. 그래서 삼성이 망하면 나라가 망하는 것이란 이야기를 할 만큼 안정적인 기업이고, 최근에 가장 관심을 모으고 있는 반도체산업에서도 세계1위의 자리를 지키고 있는 자랑스러운 회사이기 때문에 삼성전자를 선택하였다. 또한 앞으로는 5G상품들의 해외 수출 비중이 늘어나면서 스마트폰 부문에서의 점유율이 크게 늘어나서 이 회사의 수익은 더 많이 날 것으로 기대하고 있다.

3.6. 마이크로소프트, 넥슨 기업 분석하기

오늘은 마이크로소프트의 기업분석을 해 보았다. 오늘의 주식시황을 살펴보니 마이크로소프트 주가가 내려가고 있어서 투자를 할 만한 좋은 타이밍이라고 생각했다.

마이크로소프트는 시가 1.5조달러의 대기업이다. 사업 구조는 게임, 컴퓨터, 클라우드, 프로세서 등 컴퓨터와 관련된 일들을 한다.

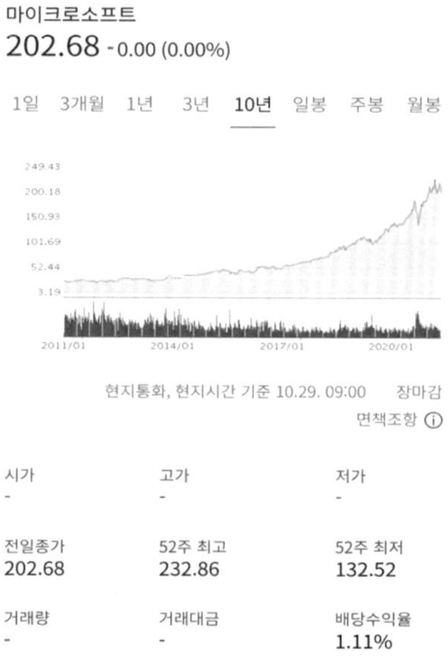

그림 3-9. 네이버 마이크로소프트 주가

그러면 마이크로소프트의 현재 주가는 어떤가 살펴보자. 위의 그림과 같이 2017년부터 주가가 오르기 시작했는데, 그 이유가 바로 새 사장 나델라가 취임한 이후, 제품의 판매실적이 좋아지면서 경영실적이 호전되었기 때문이다. 또한 마이크로소프트의 주가는 그 동안 큰 폭으로 하락한 적이 없는 안정적인 주식이다. 그래서 마이크로소프트는 우량주이며 앞으로도 망할 가능성이 적다고 전망된다.

그리고 2020년 말에 3D이미징 제품이 출시한다고 하니, 앞으로도 기대가 많이 되는 회사이다. 무엇보다도 앞으로도 컴퓨터와 프로그램들의 수요는 지속된다는 점도 고려해야 할 것 같다.

주식이나 부동산 투자를 위해서는 반드시 분석이 필요하다는 생각이 들었고, 실제로 주식을 사기 위해서 부모님 앞에서 나의 의견을 발표하기 시작했다. 관련 내용이나 동영상은 4장에서 언급하기로 하겠다.

넥슨은 우리나라의 게임 회사 중에서 제일 유명한 회사이다. 메이플스토리, 카트라이더, 바람의 나라 등 인기게임은 모두 이 회사에서 만들었다고 해도 과언이 아니다. 그래서인지, 넥슨은 시가총액이 2조나 된다. 넷마블, 엔씨소프트과 같은 다른 게임회사들과 비교해 봐도 상당한 시가총액의 회사라는 것을 알 수 있다.

그럼 이 회사의 주가의 변화를 한번 살펴보자. 2013~2016년에는 주가의 변화가 크지 않았다. 그 때 당시의 주가는 1000원 이하였다. 그 이유는 간단했다. 바로 넥슨이 야심차게 준비한 서든어택2가 각종 버그, 논란 등으로 인하여 출시한지 100일도 안되어 서비스가 종료되었다.

그림 3-10 넥슨의 주가 출처 구글 웹페이지

그리고, 클로저스는 성우 논란, 진경준 검사장의 고소 등 다양한 악재에 시달리는 2016년을 보냈다. 그러다가 2017년에

던전 앤 파이터의 흥행, AxE와 오버히트 등의 모바일 게임들이 대박을 치면서 매출이 급상승하여 2조를 돌파하고 주가도 미친 듯이 치솟았다. 예전에 800원이었던 주식이 지금은 2700원인 것으로 보아 넥슨은 완벽한 궤도에 올랐다고 볼 수 있다.

그럼 이제 넥슨 주가의 향후 상승 가능성을 알아보자. 내가 생각하기에 넥슨은 한국게임사계의 미국 같은 존재이다. 분명히 힘이 센 기업이지만 이미 2017년의 흥행으로 인해 오를 대로 많이 올라서 이제는 더 이상 상승할 가능성이 없지 않을까 생각된다. 그래서 투자를 한다면 많이 오를 것이라 기대하지 않는 것이 좋을 것 같다.

3.7. 카카오게임즈 주식청약하기

주변에서 거의 로또에 가깝다고들 말을 해서 별 기대 없이 아이와 카카오게임 공모주에 한번 도전해 보기로 했다. 증거금 50%로 60만원을 입금하였고, KB증권 사이트에서 함께 메뉴를 눌러보며 천천히 신청했다.

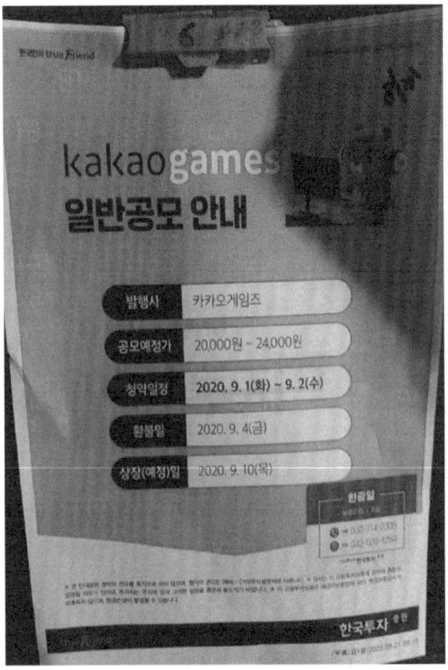

그림 3-11. 카카오 게임즈 일반 공모 안내

카카오게임즈가 앞서 국내 IPO 사상 최대 규모인 31조원의 증거금을 모집한 SK바이오팜의 일반 청약 경쟁률(323.02대 1, 통합 기준)을 기록한다고 가정하면, 증거금 1억원으로 약 8300주(주

당 2만4천원)의 주식을 청약한 개인 투자자의 경우 대략 25주가량의 주식을 배정받을 수 있었다고 한다

이런 경우를 카카오게임즈에 적용하면 일반 투자자 대상 수요예측에서 사상 최고의 경쟁률을 경신하게 되면, 1억원의 증거금을 넣어도 고작 2주가량을 받는 데 그칠 수 있다. 하지만 가만 있으면 아무것도 돌아오지 않으니, 아들에게 해보라고 애기를 했다. 이번 카카오 게임즈의 공모주 청약 경쟁률은 1000:1, 공모주 청약이라는 것이 무엇이길래 이리도 많은 사람들의 이목을 끄는 것일까? 공모주 청약은 한마디로 회사가 주식을 발행했는데, 그 주식을 돈을 내고 신청하면 일정양만큼 배분해주는 것이다. 하지만 어떤 일이 일어날지 모르기 때문에 증거금이란 것도 같이 낸다. 이 증거금은 자신이 신청금으로 낸 돈의 절반이다. 이 증거금은 만약 당신이 신청했는데 못 받으면 이 증거금을 다시 환불해주고, 만약에 더 받게 되면 그 증거금의 돈과 추가금을 낸다.

현재 50주가 신청된 내역이 보인다. 솔직히 지금 경쟁률로는 한 주도 배정되지 않을 것 같지만, 공모주의 개념을 익히기에는 좋은 사례라서 신청을 해보았다.

3.8. 펀드와 주식투자 어떻게 더 좋을까?

카페에 글이 하나 올라왔다.

"안녕하세요. 저는 9세, 6세의 아이가 있는 엄마예요. 요즘 제 고민은 청약통장을 유지할 것인가와 매달 10~20만원정도를 아이 앞으로 저축을 하고 싶은데 펀드로 할지 직접 주식을 살지 고민이 됩니다. 요즘 다들 주식, 주식하니까 아이가 저 한테 주식이 뭐냐고 묻기도 하고 이야기를 해주니까 조금씩 관심도 가지는 것 같아요. 고수님들은 어떻게 하고 계신지 궁금합니다."

그림 3-12. 미래에셋의 어린이 펀드 보고서

펀드란 펀드 전문가들이 당신을 대신하여 투자를 해주는 것이다. 그러니 한 마디로 투자를 잘 모르는 사람들을 위해서 대신 투자를 돈을 받고 해주는 것이라 이해하면 된다. 그리고 펀드는 한가지에만 투자하지 않고 다양한 것에 투자한다.

투자를 시작할 때 처음에 한번 도전해 보는 것이 좋다. 펀드 전문가는 이런 투자에 관한 매우 잘 알기 때문에 다양한 정보를 얻을 수 있다. 하지만 펀드는 내가 직접 하는 것이 아니라서 많이 불안하다. 펀드는 은행에서 신청을 하면 바로 가능하지만 어린이일 경우에는 부모님의 도움이 필요할 것이다. 펀드를 신청하게 되면 운용 결과를 정기적으로 우편이나 이메일로 받아 볼 수 있다.

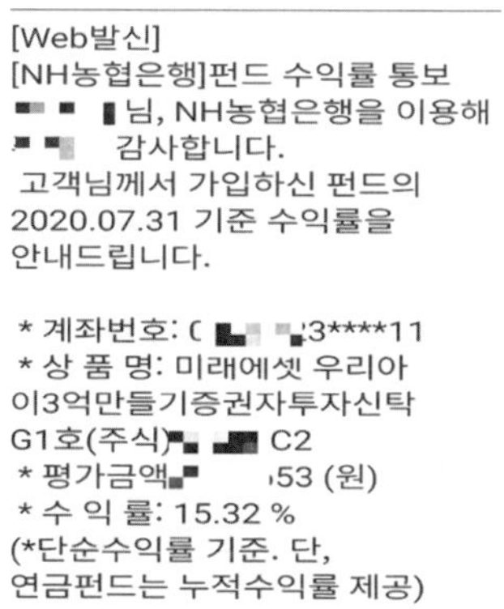
[Web발신]
[NH농협은행]펀드 수익률 통보
[redacted]님, NH농협은행을 이용해
[redacted] 감사합니다.
고객님께서 가입하신 펀드의
2020.07.31 기준 수익률을
안내드립니다.

* 계좌번호: [redacted]3****11
* 상 품 명: 미래에셋 우리아
이3억만들기증권자투자신탁
G1호(주식)[redacted] C2
* 평가금액[redacted]53 (원)
* 수 익 률: 15.32 %
(*단순수익률 기준. 단,
연금펀드는 누적수익률 제공)

그림 3-13 농협에서 온 펀드 수익률 SMS

직접투자가 두렵고 어렵다면 오히려 펀드가 나을지도 모른다. 본인이 물건을 살때 믿을 만하다고 생각해서 백화점을 가는 스타일이라면 펀드가 좋겠고, 시간을 들여서 시장이나 마트를 돌아다니며 신선도나 제품들을 비교해서 좀더 나은 것을 사는 스타일이라면 직접 투자가 맞을 것이다. 일단 직접 투자를 한다면 많은 공부하고 주변에도 물어보면서 부지런을 떤다면 앞으로 장기적으로 좋은 수익도 낼 수 있을 것이다. 단, 약은 약사에게 투자는 스스로. 누구도 책임져 줄 수 없는 것이 투자이므로 아무리 많은 정보를 얻었다 해도 스스로 판단해서 좋은 투자자가 되길 바란다.

3.9. 내 주식은 내가 선택한다 + 동재의 투자원칙 4가지

동재는 아직 스마트폰이 없다. 공신폰을 쓴다. 그래서 주식 거래도 아빠 스마트폰으로 하면 거래 내역이 동재 핸드폰 문자로 오는 방식으로 설정되어 있다.

어제 아빠가 아이 주식 계정으로 주식을 몇 주 구입했는데 이 주식거래 내역이 아이의 핸드폰 문자로 가서 그걸 확인한 아이가 불같이 화를 냈다.

<동재에게 온 문자>

[Web발신]

[KB증권]파미셀, 1주 20950원 매수체결(474192)

[Web발신]

[KB증권]팬오션, 1주 3805원 매수체결(385799)

그림 3-14. 여수밤바다에서 아빠와 함께

귀가한 남편에게 어떻게 된 일인지 물어보니 아이의 주식 잔고에 8만원 남짓 남아 있어서 KB증권 알고리즘 추천을 보고 전망이 좋을 것 같아서 구입해 두었다고 했다. 노는 돈이 아까워서?

사실 우리 부부는 그 동안 동재의 주식을 부모인 우리가 선택해서 일방적으로 사준 적은 한 번도 없었다. 모두 동재가 선택해서 포트폴리오를 구성하게 했다. 흥하든 망하든 자기가 판단할 일이고 그 자체가 큰 공부라 여겼기 때문이다. 그런데 이번에는 이름도 못 들어본 회사를 아빠 맘대로 샀다며 난리가 난 동재. 결국 온 가족이 스마트TV에 구글 화면을 띄워 놓고 해당 회사 정보, 연혁, 성장 내역, 시가총액, 자본금 등에 대해 검색해 가며 이야기를 나누었다.

파미셀은 살 때보다 조금 손실이 난 상태였고, 팬오션은 이익이 난 상태였다. 동재는 아빠가 자기 의견도 물어보지 않고 마음대로 산 주식들의 매도 여부를 고민하기 시작했다. 그러면서 자기만의 투자 원칙을 이야기했다.

<동재의 투자 원칙>

(1) 아는 것을 산다

(2) 오를 것을 분석하고 산다.

(3) 가격이 높은 것이 좋을 확률이 높다.

(4) 잡주는 사지 않는다.

자기가 잘 모르고 시가총액도 상대적으로 작아 펀더멘탈이 약한 종목을 아빠가 산 것이 싫다고 했다. 아빠가 정확히 동재의 투자 원칙을 어긴 셈이다.

결국 동재는 파미셀은 천 원 손해보고 매도하고 파미셀 대신 기업은행을 몇 주 매수했다. 그리고 팬오션은 추이를 지켜본 후 매도하기로 했다.

'동재는 이렇게 쑥쑥 성장하고 있구나!'

오늘은 아빠가 1만1천원을 정상제이엘에스에 아이 몰래 투자하려고 했는데 동재는 다시 자기의 투자원칙을 이야기하며 투자하지 말라고 했다.

3.10. 잃지 않을 투자를 하라

그림 3-15. 구글의 정상제이엘에스 주가

일단 나의 첫 번째 "가장 중요한 투자원칙은 일단 버는 생각을 하지 말고, 잃지 않을 생각을 하라"는 것이다. 워렌 버핏도 돈을 잃지 말라고 했다. 왜냐면 돈을 벌려면 일단 돈이 있어야 투자를 할 수 있기에, 돈은 최대한 잃지 않고, 유지를 해야 한다는 말이다.

그리고 두 번째는 "알고 투자 하라" 이다. <주식 투자 무작

정 따라하기>나,다른 책 들에서 봤듯이 친구가 추천하는 거를 사고 망하는 경우는 많다. 친구뿐만 아니라 사이트, 회계사 같은 사람들이 알려줘도 알고 사야 한다. 사람은 실수를 하기 마련이기 때문에 잘 알고 사는 게 좋다.

세번째는 "영투는 하지 마라"이다. 영투란 영혼을 담아 하는 투자인데, 주식이 조금이라도 오르면, 자신의 상황을 고려하여 투자해야 한다. 괜히 대출까지 내서 투자하다가 거지가 될지도 모른다. 주식은 불의 성질이 있어서 언제 꺼질지 모르기 마련이다.

사실 11,500원이 아들 통장에 그대로 있는게 안타까워서 배당을 해주는 정상제이엘에스(https://www.gojls.com/academy/) 2주 정도 사주려고 한 것인데, 아들의 투자원칙을 알게 된 좋은 계기가 된 것 같다.

3.11. 스스로 돈을 벌어서 배당주에 투자하다.

초등생이나, 중학생이 스스로 돈을 벌 수 있는 일은 생각보다 많다.

그림 3-16 청소년 공모전 활동(출처 : wevity.com)

공모전 대외활동 사이트에서 어린이나 청소년으로 검색을 하면 나오는 사이트에 도전을 해봐도 되고 당근마켓에 중고 물품을 팔아도 된다.

표 3-2. 청소년이 돈을 벌 수 있는 대표적인 일들

하는 일	해당 사이트
헌책 팔기	알라딘, 중고 서점
중고물품 팔기(장난감 등)	당근마켓, 지역정보 카페
벼룩시장	구청이나 단체에서 주최하는 벼룩시장
다양한 공모전 도전	https://www.wevity.com/ 에서 검색

"저휜 자기가 안 쓰는 깨끗한 장난감을 당근마켓에 팔아서 용돈을 벌고 그것으로 주식을 샀습니다."라는 카톡의 대화를 보고 동재에게도 미션을 주었다. 고양이 캣타워를 팔고 그 돈으로 주식을 사는 건 어떠냐는 제안을 했다. 물론 아이는 당근마켓 계정은 없어서 아빠의 계정으로 거래했다.

그림 3-17. 당근마켓 거래 화면

오늘 드디어 거래가 완료되었다. 동재의 캣타워를 사고 싶다고 연락을 해온 분이 직접 우리집 앞까지 와서 동재가 물건을 가지고 나가 건내 주고 돈을 받아왔다.

항상 직접 하지 않는 것은 수수료가 빠진다는 것을 알려주기 위해 아빠의 10%의 중계 수수료로 제하고 나머지 18,000원을 아들 KB증권 계좌에 입금을 해주었다.

이 18,000원으로 동재가 선택한 주식은 바로 정상제이엘에스이다. 작년에 8,000원에 거래되던 주식이고, 코로나에도 건설 항공 여행 관련주, 우량주도 올라가는데 작년 배당이 430원 주당 배당율도 6.4프로라 이 주식을 선택했다. 물론 오르면 좋지만, 그게 아니더라도 배당을 받을 수 있으니 이익이 되지 않을까 생각되었다.

표 3-3. 정상제이엘에스(코스닥)배당금

배당기준일	배당구분	배당종류	1주당배당금	시가배당율
2020/12/31	결산배당	현금배당	430원	6.39%
2019/12/31	결산배당	현금배당	430원	5.46%
2018/12/31	결산배당	현금배당	430원	5.90%
2017/12/31	결산배당	현금배당	430원	5.43%

(출처: https://informative.tistory.com/132)

3.12. 초등학교 입학축하금, 졸업축하금은 어떻게 하나요?

부모들은 늘 아이들의 미래에 대해 고민한다. 어쩌다 아이 생일이나 명절, 입학, 졸업과 같은 특별한 날에 축하나 격려금이라도 들어오게 되는 날이면 이 돈을 어떻게 하면 좋을지 걱정이 앞선다.

카페에 올라온 엄마의 이야기다.

"이번에 아이가 초등학교 입학을 앞두고 있습니다. 축하금으로 100만원이 들어왔는데 이 돈을 알차게 사용하여 아이의 선한 부자가 될 수 있는 초석을 다지고 싶습니다. 막연히 저도 삼성전자 주식을 사줘야 하나 생각이 들기도 하는데 다들 저와 같은 고민을 가지신 분들은 어떻게 하셨는지 궁금합니다. 나라면 이렇게 하겠다. 허심탄회하게 이야기해주세요. 다들 어떻게 하시는지 정말 궁금합니다."

위의 내용은 부모님들이 가장 큰 관심사 중의 하나일 것이다. 내 답변은 아래와 같았다.

"절반 정도는 국내 1위인 삼성전자 주식, 나머지 절반은 글로벌 1위인 애플 주식을 사면 어떨까요? 우리 주변에 흔히 있는 삼성과 애플 제품들이 우리를 위해 쉬지 않고 일한다는 것을 느끼게 하고 그 주인이 나라는 것을 알려주면 여러가지로 많은 동기부여가 되지 않을까 싶습니다. 이건 어디까지나 내 개인적인 생각이고 투자는 항상 자기 책임하에 하는 것이라 더 고민해 보시고 결정하시면 좋을 것 같아요."

"구체적인 답변 감사드립니다. 큰 도움이 되었어요. 삼성이나 애플 제품이 주변에 흔하게 많으니 아이에게 잘 설명해주기도 좋고 한번 도전해 봐야겠어요."

초등학교 입학 축하금 100만원 사용방법

이번에 아이가 초등학교 입학을 앞두고 있습니다.

축하금 100만원을 알차게 사용하여 선한 부자의 초석을 다지고 싶습니다.

막연히 남들처럼 삼성전자 주식을 사줘야하나 생각도 드는데 저같은 고민이 있으시거나...나라면 이렇게 하겠다~

어떻게 생각을 하시는지 궁금합니다 ^^

입학한다고 특별히 준비해야할 건 없어서

저축이나 투자 쪽으로 생각하고 있어요~

답변> 절반 정도는 국내 1위 주식
나머지 절반은 글로벌 1위 주식 애플을 사는데
아이에게 우리주변에 삼성과 애플이 얼마나 있는지?
이걸하면 내돈이 쉬지않고 일한다는 것과
나도 회사의 주인이 되었다는 걸 알려주면 좋을듯

투자에 대한 책임은 본인이 최종 판단해서 하시기를

좋아요 1 댓글 6

그림 3-18 실제 카페에서 이루어진 대화 캡처

3.13. 동재의 졸업축하금은 어떻게 했을까?

오늘은 아들의 초등학교 졸업식이었다. 작은 꼬마였던 아이가 벌써 이렇게 중학생이 되었나 싶어 가슴이 뭉클했다. 반면에 이제 인생에서 중요한 중학생 시절을 보내겠구나 생각하면 뭔가 또 준비할 것이 많다는 생각도 들었다.

초등학교 졸업을 축하한다며 감사하게도 삼촌이 10만원의 축하금을 보내주었고, 나와 <데이터3법>이라는 책을 공저로 쓰면서 인연을 맺은 한국 IBM의 고대민 저자도 축하한다는 인사말과 함께 축하금을 보내주었다.

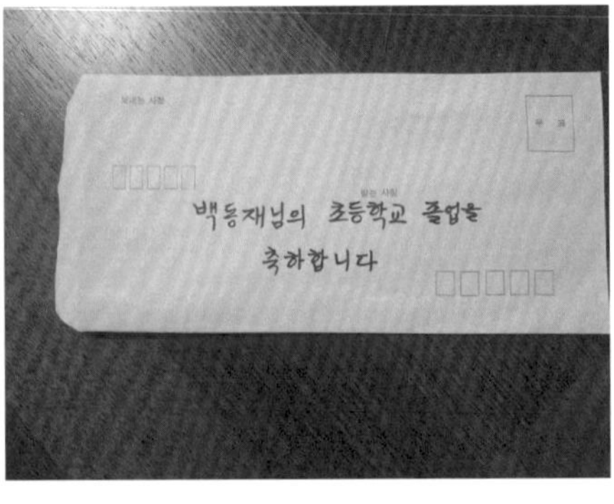

그림 3-19 초등학교 졸업 축하금 봉투

이렇게 여기저기에서 받은 축하금을 모아보니 꽤 목돈이 되었고 묵직한 돈을 앞에 두고 동재와 나란히 앉아 앞으로 이 돈을 어떻게 할 것인지 많은 이야기를 나누었다. 그러다 내린 결론은 이 돈은 본인이 잘 판단해서 투자를 한다는 것이었다.

주식에 투자한다면 우량주인 삼성전자를 사고 돈이 남으면 배당을 잘 해주는 정상제이엘에스에 투자하겠다는 전략을 이야기했다. 많은 돈은 아니지만 동재의 삼성전자 주식의 평균 매수가는 5만 9천원이다.

정상제이엘에스는 전국에 120여개 분원을 운영하고 있는 초중고 대상의 교육 전문회사이다. 주요 브랜드로는 우리가 잘 아는 어린이 전문 영어교육프로그램인 CHESS등을 운영하고 있다. 평균 주당 400원정도를 배당받을 수 있다는 장점을 생각하여 투자를 결정한 것이다.

3.14. 동재의 현재 수익률은 얼마일까?

2020년 5월 14일에 할머니로부터 받은 용돈과 은행에 있던 돈을 모두 모아 하루 이체 한도인 70만원을 KB증권에 첫 입금을 했다.

그 이후에 추석에 받은 용돈과 빡빡비트를 바꾼 현금, 그리고 졸업축하금까지 자금을 모아 투자한 주식의 최종 수익을 2021년 4월 28일날 최근 6개월 수익률을 확인해 보니 23.34%의 수익을 올렸다.

기간별금액가중수익률

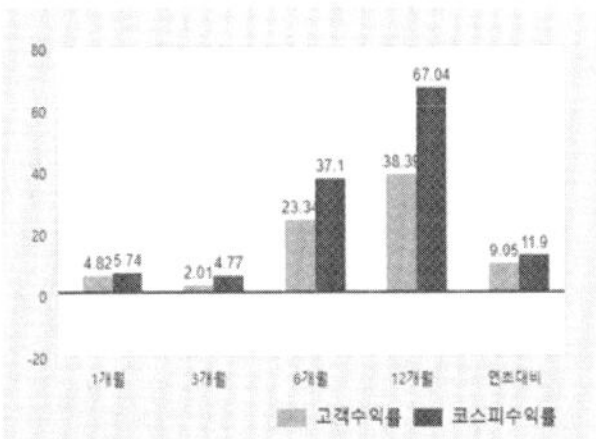

(전일자기준)

구분	1개월	3개월	6개월	12개월	연초대비
고객수익률	4.82	2.01	23.34	38.39	9.05
코스피수익률	5.74	4.77	37.10	67.04	11.90

상품유형별상세현황

기간총수익	1,402,958원	단순수익률	20.54%	금액가중수익률	23.34%

그림 3-20. 2021년4월28일 기준 수익률

23.34%의 수익의 내역을 살펴보면, 전 세계 1위 회사인

2,252조의 애플과 시가총액 1,756조의 세계 3위 마이크로소프트, 그리고 국내 1위 회사인 삼성전자, 자신이 좋아하는 블리자드의 게임사와 고배당주인 정상제이엘에스로 구성이 된 것이다.

물론 전 세계적인 현금 유동성이 많아지면서 투자 상황이 좋아 수익이 오른 영향도 있을 것이다. 2020년 5월 26일 삼성전자 주식 2주를 49,400원에 매수한 이후, 꾸준히 돈을 모아 계속 추가 매수를 하면서 7개월이라는 오랜 시간 동안 거둔 수익률이다. 동재처럼 아이가 스스로 경제와 주식을 공부를 하고 꾸준히 주식과 투자에 대한 자신만의 원칙을 수립해 보고 직접적인 주식 매수를 하면서 투자에 대한 책임감과 자신감을 가지게 한다면 누구든 가능한 일이 아닐까 하는 생각이 든다.

3.15. 다양한 투자 방법, 비상장 주식으로 수익내기

아이의 경제교육도 중요하지만 부모의 경제적인 부유도 중요한 부분이라 틈틈이 비상장 주식과 다양한 분야에 조금씩 투자도 하고 있다.

그림 3-21. 비상장플러스 앱 ,카사코리아 앱 ,앤젤리그 앱

카사는 그 동안 일반 개인이 투자하기 어려웠던 상업용 부동산 투자를 쉽게 접근할 수 있도록 만든 플랫폼서비스 기술로 2019년 5월 금융위원회로부터 조건부지정을 받은 후, 테스트를 거쳐 2019년 12월 “디지털 부동화 수익증권 유동화 플랫폼"

사업자로 정식 지정 받았다.

첫 번째로 강남의 역삼 런던빌에 대한 청약을 받고 있다. 5,000원에 시작해서 2020년 12월 24일 기준 6350원까지 가격이 올랐다. 아래의 투자는 다 원금을 보장받지 못하니, 신중하게 투자를 해야 한다.

표 3-4. 다양한 투자 플랫폼

종류	투자 플랫폼	실제 사례
부동산	카사 코리아	강남 런던빌 5,000에 투자
부동산	테라펀딩	서울대입구역 인근 주상복합건물 신축 14% 수익
비상장 주식	앤젤리그	마켓컬리, 뷰노(펀드 형태로 투자)
	비마이유니콘	금융위원회 혁신금융서비스, 블록체인
	증권플러스 비상장	핑거(2021년 상장 예정, 2020년10월 구매)
가상자산	비둘기 지갑 디파이	비트코인, 이더리움을 예치하면 매일 운용 수익을 제공하고 있다.

주변에서 거의 로또에 가깝다고들 말을 해서 별 기대 없이 아이와 카카오 게임 공모주에 한번 도전해 보기로 했다.

증거금 50%로 60만원을 입금하였고, KB증권 사이트에서 함께 메뉴를 눌러보며 천천히 신청했다.

신청하고 결과를 기다리면서 내린 결론은 주식 청약으로 주식을 받는 것은 거의 불가능하다는 것을 알게 되었다.

그래서 비상장 주식을 직접 투자하기로 했다. 마치 부동산의 재개발/재건축에 투자를 하듯 상장되기 이전에 주식에 투자를 하는 것이다.

표 3-5. 비상장 주식 투자 내역

구매처	종목	구매일	상장
삼성증권 비상장	핑거 (100주)	2020년 10월	2021년 1월
	카카오뱅크(10주)	2020년 11월	코스피 상장 예정
엔젤리그	뷰노 (125주)	2020년 11월	2021년 2월
	마켓컬리(310주)	2020년 11월	나스닥 상장 급등

주식 청약에 대해 금융위 관계자는 “빠르면 상반기 중 공모주 중복청약이 금지될 것"이라고 말했다. 증권금융은 중복청약 금지 시행 시점에 맞춰서 시스템을 가동할 수 있도록 금융당국, 증권사들과 협의를 진행하는 등 만반의 준비를 하고 있다.

금융당국은 원래 일부 거액 자산가, 이른바 슈퍼개미들이 여러 증권사에 복수로 계좌를 개설해 다량의 공모주를 가져가는 것을 제한하기 위해 중복청약 금지를 추진했다. 슈퍼개미들이 중복청약을 활용해 수십 억원씩 뭉터기 자금을 넣으면 청약 경쟁률이 급격하게 올라갈 뿐만 아니라 일반청약자는 공모주 배정에서 소외됐기 때문이다. 이런 뉴스는 점점 더 주식 청약으로는 수익을 내기가 어렵다는 것을 알려준다.

카페에서 사람들이 비상장 주식에 대한 관심이 많다는 것을 알게 되어서 줌 강의를 진행하였고, 카페 회원인 지돌이님이 아래와 같은 후기가 올라왔다.

https://cafe.naver.com/kidbuja/629

어제는 처음으로 청약도 해보고, 오늘 강의로 이제는 비상장주식 투자하는 법까지 알게 되었다. 전혀 사전 지식 없이 들었는데, 알고 보면 간단했다. 자기에게 맞는 플랫폼을 선정해서 이용하면 되는데, 개인적으론 증권플러스 비상장이 앱도 있고, 삼성증권 연계로 거래도 쉽고 안전해 보였다.

하이 리스크-하이리턴 그래도 이왕이면 예비상장이 된 것에 투자하면 좋겠고, 본인들만의 인사이트가 있는 분야로 투자할 것. 상장을 노리고 하는 것이 기본이므로 당연한 조건.

그렇게 치면 나에겐 토스나 카뱅이 익숙하다. 예비상장을 한 번씩 검색해보는 것도 좋다는 뜻이다. 주식 종목을 공부하듯. 인기 검색어들 위주로 알아보고 투자하는 것도 한 방법이다.

청약이 쉽지 않으니 이렇게 비상장주식을 투자하는 것도 좋은 접근법 같은데, 이렇게 조금씩 배울 수 있는 기회 주어 감사하다.

3.16. 다 같이 생각해보기

1. 우리 아이가 첫 주식 투자를 할 기업을 생각해보자

예) "처음 주식 투자하는 분을 위하여"와 "초등학교 입학축하금, 졸업 축하금…." 장을 참고하거나, 아이가 좋아하는 상품이나 과자에 대해서 애기하고 회사의 가치와 주식시장에 상장되었는지도 알아 본다. 우리 주변에 가장 많은 컴퓨터, 스마트폰을 만드는 회사에 대해서 알아보자.

2. 자녀명의의 주식통장을 만들어보자.

예) 집 가까운 곳의 은행에 가서 같이 가서 주식 통장을 만들어보자. 수수료에 대해 고민하지 말고 빨리 주식통장을 만들자. 주식을 매도하는 것은 아이가 성인이 되서 스스로 판단해야 할 일이니 말이다.

3. 자녀의 투자 철학을 같이 고민해보자

예) "내 주식은 내가 선택한다+ 동재의 투자원칙 4가지", "잃지 않을 투자를 하라"를 참조해보자.

아이 스스로 투자에 대해서 생각을 하고, 아이가 생각한 회사에 투자를 해야 스스로의 철학을 만들 수 있다. 아이에게 물고기가 아닌 물고기를 잡는 방법을 알려주는 부모가 되어야 한다. 아이가 경제도서를 많이 읽고, 다른 아이들의 생각을 알 수 있는 독서토론을 하면서 아이와 같이 투자철학을 완성해보자.

4. 스스로 돈을 벌어서 배당주를 사서 정기 배당을 받아보자.

예)"스스로 돈을 벌어서 배당주에 투자하다"을 참조하자. 당근마켓에 캣타워를 20,000원에 팔아서 정상제이엘에스 주식을 사서 한주당 509원의 투자수익도 올리고 배당금도 받았다.

"드디어 삼성전자를 산 보람이 느끼게 되었다! 엄청난 기다림 끝에 총합 35,000원의 배당금을 받았다. 삼성전자는 우량주면서 배당을 많이 주기 때문에 매우 좋은 주식 같다. 배당은 일정하기 때문에 매우 좋아서 배당이 높고 괜찮은 주식은 되게 좋다. 정상제이엘에스는 6.6%정도의 배당 중 제일 높은 배당을 가지고 있으며, 매우 싼 주식 가격 덕에 매우 배당을 많이 얻기 좋다. 삼성전자보다 더 몇배 싸지만 안정성은 가지고 있지 않다. 어쨌든 삼성전자배당금으로 한번 투자를 해볼 생각을 하며 글을 마치겠다."

2021년 4월 20일 동재 블로그 글

표 3-6. 동재의 2021년도 주식 배당금액

투자 기업	매입 평균가	21.4.23 주가	차익	배당금
정상제이엘에스	6,221	6,730	509	860
삼성전자	62,135	82,800	20,665	34,776
네이버	307,757	378,000	70,243	1,206

5. 금융투자를 하게 되면 대출이란 단어가 많이 나오는데, 대출에 대해 알아보자

예) 로블록스 주식 사고 싶어서 내가 채권이 되었다, 로블록스 주식 매수, 로블록스 투자 (https://blog.naver.com/jay7vector)

Part 4.

우리 아이 리더 되는 미래사회를 대비하자

4. 우리 아이 리더 되는 미래 사회를 대비하자

2017년 10월의 어느 날 아이는 아침에 아이 아빠가 틀어주고 간 월-E를 열심히 보고 미래의 사람들이 어떻게 사는지 내게 열심히 이야기해주던 것이 기억이 난다.

4차산업혁명이 온다 해도 그래서 온갖 기계가 개발된다 해도 어떤 사람은 기계가 만든 음식을 먹을 것이고 어떤 사람은 쉐프가 만든 음식을 먹을 것이다. 어떤 사람은 기계가 통역해준 의미만으로 세상을 파악하게 될 것이고 어떤 사람은 다른 나라 사람들과 영혼을 교류하는 대화를 하게 될 것이다. 그런 말을 아이에게 해주었다. 결국 지금보다 세상과 사람들이 좀더 극단적으로 양분될 뿐 인간적인 것의 본질은 영원할 것이다 라고.

아이가 학원에 간 오후에 혼자서 백화점 안 카페에서 폴바셋라떼를 마신다. 기계가 볶고 즙을 짠 원두에 우유를 탄 라떼지만 그 속에는 폴바셋이라는 사람의 냄새가 살풋 담겨있다. 그리 두려워할 필요가 없이 호들갑스럽지 않게 담담하게 맞이할 일이다. 미래든 가을이든 어찌되었든 모든 일은 그저 이치에 맞게 굴러갈 것이니까. 로봇과 인공지능과 자율주행이 일상화된 시대가 다가오고 있다.

4.1. 인공지능에 대체되지 않는 동재를 만들자

코로나 한파로 청년실업이 사상 최고를 기록하고 있는 요즘, 어렵게 대학을 졸업하고도 제대로 사회생활도 시작해보지 못하는 많은 청년들을 보면 안타까운 마음이 든다. 게다가 목표로 삼았던 직업들이 시대의 흐름에 밀려나 없어지는 일들이 빛의 속도로 빨라지는 있는 지금 부모들의 얕은 지식과 경험으로는 도저히 자녀의 불안한 미래를 지켜주기 힘든 현실과 마주하고 있다. 우리 부부도 자주 이런 주제로 동재의 미래를 걱정하고 있다. 그래서 불투명한 미래를 현명하게 스스로를 지켜 나갈 수 있는 아이가 될 수 있도록 열심히 경제교육을 시키고 있다. 동재가 인공지능에 대체되지 않고 돈의 노예로 살지 않게 되길. 연초에도 작은 소망을 빌면서 올해를 맞았다. 작으나마 시작한 우리의 실천 사항들은 다음과 같다.

(1) 실전 주식 투자

요즘은 TV를 켜거나 인터넷을 접속하면 주식에 대한 이야기가 넘쳐난다. 모든 사람들이 돈을 불려보겠다고 영투, 빚투에

나서고 실제로 많은 돈을 잃고 좌절하는 사람들도 흔하게 볼 수 있다. 그때마다 문득 주식이 안정적인 재테크 수단인지 의문이라는 글들이 우리 카페에도 가끔 올라오는 것을 볼 수 있다. 주식이 투기가 아닌 안전한 재테크 수단이 되려고 하면 올바른 접근과 분석이 필요한 것이다. 주식을 투자하는 과정이 무엇보다 중요하다고 생각했다.

우리는 동재가 스스로 공부하고 연구하도록 이끌어주고 종목을 스스로 선정하고, 직접 투자를 해서 수익이 나면 투자자인 우리에게도 40%의 수익 배분을 해주는 조건을 합의하였다. 아이는 투자에 더 신중해졌고, 많은 분석을 통해 최종적으로 국내 주식으로 LG화학과 삼성전자를 선택하였다. 결국은 많은 시간을 공부하면서 찾게 되는 투자 방식은 가치투자라고 했다.

(2) 유튜브로 배우는 경제공부

우리가 아이의 경제교육을 위해 선택한 것은 EBS 자본주의 다큐이다. 이 프로그램을 유튜브로 시청하면서 자본주의의 흐름, 역사, 소비, 금융 등에 대해 리뷰를 쓰고 그 내용을 가지고 부모와 토론하고 있다. 이 과정에서 아이는 서브프라임 모지기부터 마르크스까지 이해해 나가게 된 것 같다. 어떨 때 우리는 시간 가는 줄도 모르게 경제 이야기를 나누기도 한다.

숙제도 해야 하고, 놀기도 하지만 그 시간을 쪼개어 이렇게 경제에 대해 공부를 하는 것에 대해 불만도 없고 오히려 즐거워해주어 다행이라는 생각을 해본다. 실제로 주식투자를 하고 분석하는데 이 경제공부가 많이 도움이 된다는 것을 스스로 깨달아서 그렇지 않을까 하는 생각도 든다.

(3) 아빠와 공저로 파이썬 책 발간

아이와 함께 프로그래밍을 하면서 이 파이썬을 누구나 쉽게 접근하고 사용할 수있도록 도와 주기 위해 책을 한번 만들어보자는 의견을 나누었다. 평소에 조금씩 내용을 정리하다 보니 벌써 초급에서 중급으로 원고가 넘어가고 지금은 실전 편을 함께 쓰고 있는 중이다. 기존에 이미 파이썬 관련 책은 많이 나온 상태라 기존의 개념과 좀 다른 하이퍼레저 패브릭 책으로 변경을 하였다. 하이퍼레저 패브릭은 모듈러 아키텍쳐를 이용한 어플리케이션 / 솔루션 개발을 가능하도록 해 주는 프레임워크이다. 아이는 제법 이 개념을 잘 이해하고 쉽게 접근하는걸 보면 아이들의 유연한 사고로 이 책을 잘 사용하게 되지 않을까 기대하고 있다.

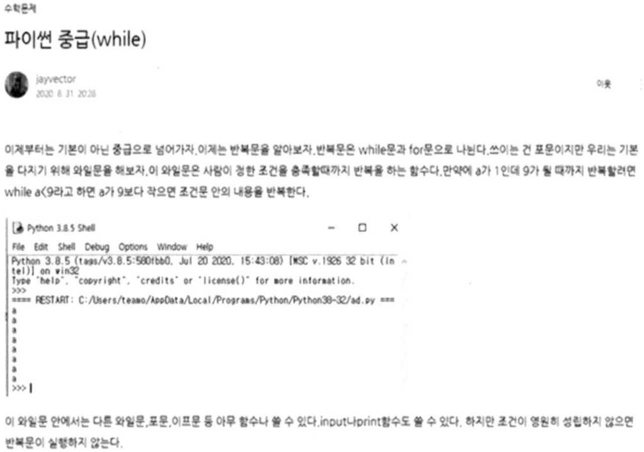

수학문제

파이썬 중급(while)

jayvector
2020. 8. 31. 20:28

이웃

이제부터는 기본이 아닌 중급으로 넘어가자.이제는 반복문을 알아보자.반복문은 while문과 for문으로 나뉜다.쓰이는 건 포문이지만 우리는 기본을 다지기 위해 와일문을 해보자.이 와일문은 사람이 정한 조건을 충족할때까지 반복을 하는 함수다.만약에 a가 1인데 9가 될 때까지 반복할려면 while a<9라고 하면 a가 9보다 작으면 조건문 안의 내용을 반복한다.

Python 3.8.5 Shell

File Edit Shell Debug Options Window Help

```
Python 3.8.5 (tags/v3.8.5:580fbb0, Jul 20 2020, 15:43:08) [MSC v.1926 32 bit (Intel)] on win32
Type "help", "copyright", "credits" or "license()" for more information.
>>>
==== RESTART: C:/Users/teamo/AppData/Local/Programs/Python/Python38-32/ad.py ===
a
a
a
a
a
a
a
a
>>>
```

이 와일문 안에서는 다른 와일문,포문,이프문 등 아무 함수나 쓸 수 있다.input나print함수도 쓸 수 있다. 하지만 조건이 영원히 성립하지 않으면 반복문이 실행하지 않는다.

그림 4-1. 동재의 파이썬 중급 블로그

(4) 다양한 독서

매주 구독하고 있는 <어린이 경제신문>이 좀 밀리기는 하지만 점점 재미있게 읽고 있다. 재미없으면 뭐든 읽지 않는 아이라서 처음에는 지속적으로 이 신문을 읽을지 의문이었지만 아무래도 본인이 직접 투자도 해보고 다양한 경제 상식이 늘어나면서 경제신문에 나오는 용어들이나 내용들을 이전보다 좀 더 쉽게 이해할 수 있게 되어 그렇지 않을까 하는 생각이 든다.

그리고 <봉이 김선달>, <톰소여의 모험>, <스티브 잡스 전기> 등 수시로 사주는책들도 열심히 읽으며 자신의 생각을 정리하는 시간을 소중히 생각하기 시작한 점도 감사한 일이다.

(5) 가족 산책과 대화

우리 가족들은 저녁을 먹고 함께 산책하며 이야기를 나누는 것을 가장 좋아한다.아이에게는 이 시간이 가장 중요한 시간이 아닐까 싶은 생각이 든다. 아이는 늘 질문이 많고 그 질문들에 일일이 대답하는 하는 것이 가끔 힘들 때도 있지만 가능한한 성의껏 대답해 주려고 노력하고 있고 그 대답을 찾기 위해 공부하는 시간들도 우리 모두에게 유익하다는 것을 깨달아 가고 있다.

4.2. 우리 가족 10년 후 소망 상상하고 그리기

하루는 재미 삼아 우리 가족들의 10년 후 소망을 그려보는 시간을 가졌다. 각자의 소망을 쓰고, 이미지로 그리고 하면서 즐거운 미래를 상상하는 시간이 정말 즐겁게 느껴졌다

엄마의 소망은 "부자 되기", "가족들이 모두 건강하기", "여행 많이 다니기". 좀 막연하기는 하지만 소소한 소망들을 나열해 보았다. 아빠는 "월 1,000만원의 현금 흐름 만들기", "강의와 출판을 성공적으로 많이 하기", "가족들과 세계여행하기", "박사학위 2개 따기", "회사를 잘 경영하여 크게 성장시키기". 구체적이긴 하지만 많은 노력들이 들지만 지금보다 좀더 자유분방하게 살고 싶다는 의지가 많이 보이는 소망들이었다. 동재는 "돈을 많이 벌어(원화, 달러 모두 가리지 않고) 애플을 인수(?)하기", "여자친구 만들기", "강남에 집을 2개 사기", "아빠 회사 사옥(?) 사주기" 좀 허무맹랑하고 스케일이 남다른 소망이지만 그 큰 꿈이 이루어지길 함께 빌기로 했다.

그림 4-2. 가족 10년 뒤 미래 그리기

4.3. 남들과 다른 생각을 하는 괴짜중의 괴짜

동재는 가끔 남들과 다르게 좀 특이한 행동을 할 때가 있다. 그때마다 좀 당황스럽긴 하지만 그대로 그 생각이나 행동을 받아들여주고 싶다는 생각이 든다. 지난번 여행중 보여준 몇가지 에피스드가 이 아이의 흔한 괴짜 행동들이다. 내 자식이니 내가 보기에는 귀엽지만 남들이 보기에는 괴짜스러울 수 있는.

에피소드 1.

지난번 순천 낙안읍성으로 여행을 간 날, 비가 주룩주룩 내렸다. 그런데 앞서가던 동재가 비를 맞고 있는 포복 죄인 인형이 불쌍하다며 한참을 그 인형 옆에 서서 우산을 씌워주고 있었다. 아무리 빨리 지나가자고 해도 가만히 그 인형을 쳐다보며 무슨 생각에 했는지 궁금했다.

그림 4-3. 순천 낙안읍성에서 죄수에게 우산을 씌워주는 아들

에피소드 2.

피곤한 여행을 마치고 저녁에 숙소에 돌아왔는데 동재가 갑자기 은은한 음악을 틀고 가부좌를 틀고 가만히 앉아있기에 지금 뭐하고 있냐고 물어봤더니 명상을 하고 있다고 했다. 명상을 하면 뇌가 10년 어려진다면 아이가 함께 명상을 하자고 해서 갑자기 온 가족이 여행지에서 명상을 하기도 했다. 지금 흘러나오는 이 음악은 마스네 타이스의 명상곡이라며 이 음악에 몸을 맡기며 멍 때려보라며 꼼꼼하게 음악과 명상을 하는 방법까지 잘 알려주었다. 자기는 앞으로도 이런 명상을 계속해서 뇌를 젊게 만들고 싶다나?

에피소드 3.

여행 중에 아이와 의논을 해서 주식 매수를 위해 예약매수를 해두었는데 그게 잘 안되어 비가 오는 날이라 상황도 좋지 않았지만 여행지에서 서비스센터에 까지 전화를 해서 우여곡절 끝에 결국은 주식을 매수했다. 그리고는 꼭 매수하고 싶었던 애플 주가는 너무 오르고 비싸니 다음 자기 생일 선물로 사달라는 부탁도 잊지 않았다. 나중에 자기가 성인이 되고 아이가 생기면 경제교육을 꼭 하고 싶고 생일선물로 주식을 사주겠다는 말을 한다. 이런 말 듣고 안 사줄 수도 없지 농담을 하면서 애플의 현재 주가를 보고는 금방 생각을 접었다.

"아들. 애플 지금 53만원이야!!"

4.4. 바보는 방황을 하고 현명한 이는 여행을 한다.

어느 날 갑자기 여수 밤바다를 보고 싶다는 아들의 제안을 적극 받아들여 비바람이 거세게 몰아치는 날씨에도 불구하고 여수와 순천으로 가족여행을 떠났다. 그 동안 각자 바쁘게 지내느라 대화가 뜸하지 않았나 싶던 차에 이렇게 한방에서 자면서 함께 한 여행에 대한 추억들을 나누었다.

그림 4-4. 여수에서 먹은 삼합

그러고 보니 젊은 시절에는 공부나 일이 우선이다 보니 늘 시간에 쫓기며 사느라 제대로 된 여행을 즐기는 일도 제대로 노는 것도 모르고 살아온 것 같다. 진정한 여행과 놀이의 개념을 이해한 건 아마도 결혼한 이후 40이 다 되어가서 느끼며 살게 되는 것 같다. 최근에는 무슨 걱정거리와 생각할 거리들이 많았는지 계속 그 걱정과 생각들의 연결고리에서 벗어나지 못하고 있다가 이렇게 여행을 와서 새로운 공간과 색다른 관심사들 속에 묻히다 보니 생각도 정리되고 마음은 한결 가벼워지는 것을 느낄 수 있었다. 여행은 이렇게 묵은 생각들을 걷어내고 새로운 희망 같은 것을 다시 갖게 해주는 좋은 시간을 얻는 일이라는 걸 많이 느끼게 된다.

그림 4-5. 여수 항일암에서 바라본 풍경

이번 여행 중에 느낀 가족의 소중함도 다시 깨닫게 되었다. 무엇을 잘못 먹었는지 급체로 여러 번 토하고 위의 통증에 시달릴 때 동재가 약국으로 달려가 약도 사오고 죽 집에 가서 내가 좋아하는 죽도 사와서 먹으라며 걱정스러운 얼굴로 내밀었다. 우리 아들이 이제 정말 다 컸구나 하는 대견한 마음이 들기도 했고, 한편으로는 이제는 어린아이가 아니라 뭔가 의지가 되는 든든함이 느껴졌다. 살다 보면 인생 참 간단한 것 같다. 내가 지켜주고 싶고 나를 지켜주는 좋은 사람들이 늘 곁에 함께 있다면 어떤 어려움도 이겨낼 수 있을 것 같은 용기가 생기고 매순간이 참 행복하다는 생각이 들기도 하다.

4.5. 유튜브로 발표력을 키워보자

동재는 사람들 앞에서 자신의 소신을 말하거나 발표를 하는 것을 두려워하지 않는다는 것이다. 앞으로 성인이 되어 자신이 되고 싶어하는 벤처기업의 대표가 되거나 과학자가 되려면 무엇보다 발표를 잘하고 상대를 설득할 수 있어야 한다는 점에서 참 다행이라는 생각이 들 때가 많다.

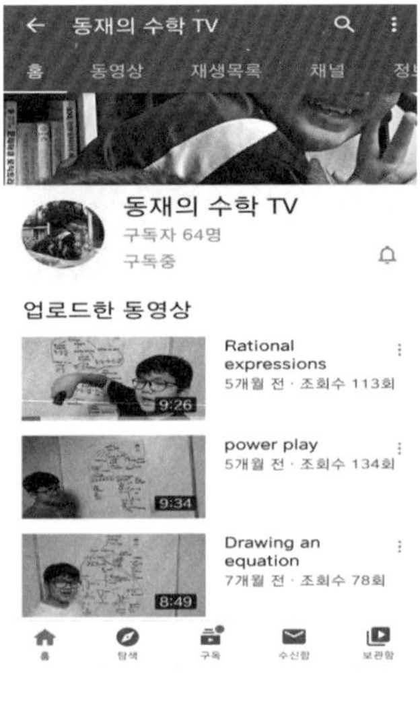

그림 4-6. 유튜버 동재의 수학TV

어렸을 때부터 엄마와 영어공부를 하면서 스피킹 연습을 하고, 초등학교 3학년때부터는 자신이 좋아하는 수학을 영어로 발표하는 유튜브를 운영하면서 사람들과 소통하는 것을 즐거워하였다. 그런데 이 어려운 수학을 영어로 이야기하는 컨텐츠는 사람들이 쉽게 접하고 즐기기 어려워서인지 주목을 끌지는 못했다. 그래도 이런 새로운 도전을 기꺼이 시도하고 남들의 관심을 받지 못하더라도 실망하지 않고 다시 도전해보겠다는 의지를 갖는 것 만으로도 참 좋은 경험이 되고 있지 않나 하는 생각이 든다.

1) 녀석은 분주해지기 시작했다. 오늘 찍을 영어 수학책을 먼저 보고 난 뒤에 잘 모르는 부분은 한글책을 보고 다시 한번 개념을 이해한 후에 준비를 한다.

2) 드디어 칠판에 판서를 하기 시작했다.

3) 판서를 하는 부분에 대해서 질문을 해보았다.

4) 판서가 점점 더 많아지고 있다.

자신의 말로는 오늘은 좀 길게 할 거 같다고 한다

5) 발음이 자신이 없는 건 아빠에게 물어봐서 발음을 확인한다.

동영상을 촬영을 혼자서 찍어서 완성을 했다. 여기까지 하는데 동영상은 6분정도이지만 준비하는 시간까지 하면 거의 1~2시간정도는 걸린 것 같다.

최종으로 완성된 동영상은 아래와 같이 나왔다. 링크 주소와 QR코드도 있으니 직접 보셔도 됩니다.

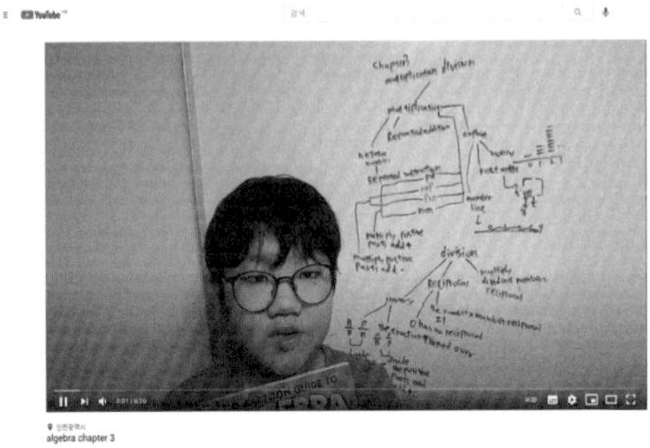

그림 4-7. 유튜브 동영상

https://www.youtube.com/watch?v=q8rH-31Z93g&feature=youtu.be

으로 입력하시거나 아래 QR코드를 스캔하시면 됩니다.

그림 4-8. 유튜브 링크

4.6. 경제 신문 읽고 주제 발표하기

아이와 함께 사람들 앞에서 발표하는 걸 연습을 해보았다. 제일 처음에 발표했던 주제는 경제신문을 읽고 발표를 한 것이다. 동재가 위의 글을 쓰고 난 뒤에 직접 TV에 글을 띄우고 발표를 하게 했다. 물론 그 전에 아빠인 저와 엄마가 먼저 다른 주제로 발표를 한다. 그걸 보고 아이는 발표를 어떻게 하면 좋을지 고민을 하고 발표를 한다.

아래는 발표하는 화면이다.

경제뉴스 중 제일 인상 깊던 뉴스:서양중심 사고가 바뀐다

jayvector 2020.6.20. 22:29

이웃

제일 인상 깊던 뉴스:서양중심 사고가 바뀐다」

이 뉴스는 코로나19를 세상이 겪고나서 서양 중심의 사고가 바뀐다는 것을 알려주는 뉴스다.흔히들 서양이 다른 곳들 보다 우수하고,강하다는데,동아시아 사람들도 이젠 슬슬 이해하기 시작했습니다.그리고 흔히들 경제의 흐름을 정하는 일곱 나라들을 '선진국'이라는데,그 일곱 나라가 미국,캐나다,독일,영국,프랑스,이탈리아 그리고 일본인데,이 선진국이란 호칭은 동양 국가들에게 희망이었습니다.

그림 4-9. 동재가 처음 주제 발표한 블로그의 글

어린이 경제 신문을 읽고, 블로그에 글을 요약해서 쓰고 다시 발표를 했다. 처음에는 잘못 해서, 엄마 아빠가 시범을 보이고, 엄마, 아빠도 같이 발표를 하였다. 아이는 아빠 엄마가 하는 발표를 유심히 하고 인사를 하는 부분과 아빠의 발표 스킬을 따라하면서 자신의 발표실력이 조금씩 늘어가는 것을 느끼는 것 같다.

가능하면 일주일에 한번 자신이 관심있는 뉴스를 요약하고 발표를 해보기로 했다. 보통은 스마트 TV로 연결을 하는데, 스마트폰의 화면 공유기능을 이용해서 블로그를 TV에 연결해서 발표를 한다.

다들 한 번씩 해보세요. 아이들 발표 실력이 좋아져요

4.7. 마이크로소프트 기업 분석 발표

제일처음에 주식을 산 것은 애플, 마이크로소프트, 삼성전자였는데 그때 기업을 분석하고 발표를 하고 엄마 아빠의 질의응답을 하고 주식을 샀다.

그림 4-10 마이크로소프트 기업 분석 발표하는 모습

동재의 실제 글이 보시고 싶으시면 아래 링크를 입력하세요 (https://blog.naver.com/jay7vector/222130530305)

오늘은 마이크로소프트의 기업분석을 해볼 것이다. 오늘 증권을 확인했는데, 마이크로소프트가 내리고 있어서 투자할 기회라 생각하고 분석을 하는 중이다.

일단 마이크로소프트는 시가1.5조달러, 시가 204달러의 매우 커다란 회사다. 사업 구조는 게임, 컴퓨터, 클라우드, 프로세서 등등 컴퓨터와 관련된 일들을 한다.

기업분석 동영상으로 짧게 녹화를 해 두었다.(https://cafe.naver.com/kidbuja/423)

동재가 이런 분석을 통해 마이크로소프트와 애플과 삼성전자의 주식을 구매하였다.

4.8. 어린이 경제 교육 주제 발표

처음으로 온라인 줌 토론을 발표할 때는 엄청나게 많은 연습을 했다. 12월 6일 저녁에 줌으로 진행하려고 나도 15분 발표, 아들도 15분 발표하고 나머지는 줌으로 온라인 토론을 해보려 한다.

표 4-1. 1회 우리 아이 선한부자 만들기 발표 시간 및 주제

시간	주제
8:00~8:15	동재아빠의 어린이 경제교육은 어떻게 하는가?
8:15~8:30	동재의 어린이 경제교육에 대한 발표
8:30~9:00	자유 토론

저녁이 발표날이라 어제 저녁에 한번 발표해보고, 오전에 한번, 저녁에 한번 더 발표 연습해보기로 했다.

컴퓨터학원에서 파워포인트 만들어 봤지만, 9명 이상의 사람 앞에 발표를 해보는 건 처음이라 아이가 긴장하는 것 같기도 하다.

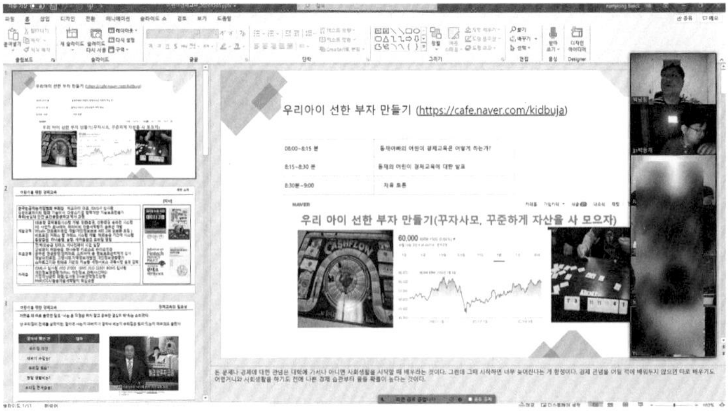

그림 4-11. 처음으로 주제 발표 하는 장면

막상 발표를 하니 아이는 발표를 잘 하고 그 다음에는 어린이 경제 도서 토론 준비를 하고 사회를 한 아이, 먼저 한 것은 토론 도서의 발제문을 작성한 것이다. 발제문은 책 소개부터 시작이 되었다.

"이 책은 주식투자 무작정 따라하기의 만화본이다."

표 4-2. 어린이 독서 토론 일정

날짜	발제자	책
1월 10일 일요일 8시	백동재	만화 주식투자
2월 9일 일요일 8시	조**	이솝우화로 읽는 경제 이야기 리뷰
3월 15일 일요일 8시	박**	50대 사건으로 보는 돈의 역사
4월 12일 일요일 8시	율**나	미정

실제 토론은 초등학생부터 중학생까지 다양한 청소년과 관심있는 부모들이 참석해서 한시간동안 열띠게 진행이 되었다.

4.9. 어린이 경제 도서 토론 발제문 작성

1회 만화 주식투자 토론을 위해서 발제문을 작성하였다. 토론을 위해서는 기본적으로 토론거리를 준비하고 책에 대해서 설명이 필요해서 작성하였다.

(1) 책 소개

이 책은 주식투자 무작정 따라하기의 만화본이다. 작가는 윤재수란 분으로, 다양한 무작정 따라하기 시리즈를 쓰신 분이다. 예시로 차트분석 무작정 따라하기, 주식대세판단 무작정 따라하기 등등의 다양한 주식 관련 무작정 따라하기 시리즈들이 있다.

그림 4-12. <만화 주식투자> 책 표지

(2) 책 요약

이 책은 주식투자를 위한 마음 가짐이나 하는 방법, 분석 방법 등을 만화로 쉽게 표현하였다. 대략 다음과 같이 요약할 수 있다.

1) 과연 어떤 주식을 선택해야 하는가?

주식 시장은 크게 3가지로 구분할 수 있다. 바로 코스피 시장, 코스닥 시장 그리고 파생상품 시장이다. 코스피는 대부분 우량주가 있는 시장으로, 800여개의 회사가 있고, 시가총액도 우량주들의 집합이라 1136조원이나 된다. 여기에 속해 있는 회사들은 모두 설립이후 역사가 길고, 제조업을 하는 기업들이 대부분이다. 대표적인 기업으로 삼성전자나 포스코, 농심 등등이 있다. 두 번째는 코스닥 시장으로, 벤처기업이나 IT기업들이 대부분 여기에 속한다. 잘 선정만 하면 대박 나는 기업들이 많다. 주식에서 대박이라고 하면 대부분 이 코스닥 시장의 주식이다. 하지만 주가 기복이 워낙 심해서 망하는 경우도 있다. 마지막은 파생상품 시장인데, 선물, 옵션을 말하는데 주식을 미래, 현재에 정한 가격으로 파는 시장이다. 초보자가 하기에는 어려운 시장이다.

또한 기업의 가치로 구분할 수 있는데, 크게 4개로 구분할 수 있다. 블루칩, 옐로칩, 턴어라운드주, 부실주이다. 블루칩은 재무구조가 좋고, 수익도 좋은 우량주들이다. 고가이기 때문에 외국인들이나 기관들이 주로 많이 산다. 옐로칩은 블루칩보다 가치가 낮은 중가 우량주들이다. 부담도 적고, 변동에 민감하다. 그리고 턴어라운드주는 급반등주이다. 엄청난 위기에서 갑자기 살아난 주식을 말한다. 턴어라운드주는 발견만 하면 대박이 나기 때문에 많은 외국인과 기업들이 찾고 있다. 마지막으로 부실주는 재무구조도 안 좋고, 실적도 안 좋아서 주가가 낮은 주식들이다. 부실주는 턴어라운드주와 많이 햇갈리는 주식이다.

2) 어떤 지표를 사용해야 하는가

기업 내부의 가치를 판단하는 많은 지표들 중에 대표적인 지표가 바로 ROE, PER, EV/EBITDA, PBR이다. ROE는 주주가 주식을 사서 준 돈으로 얼마나 이익을 올리는지를 알려주는 지표이다. 계산법은 당기 순이익 / 평균 자기자본 * 100이다. ROE가 높을수록 주식에서 돈을 많이 벌 수 있으므로 ROE는 높을수록 좋다. PER는 주가를 예상 순이익으로 나눈 것이다. 그러니까 PER는 현재 수준으로 주식으로 돈을 벌려면 시간이 얼마나 걸리는지 말하는 것이다. PER 수치가 높으면 고평가된 것이고, 낮으면 저평가된 것이다. PER는 주가/1주당 예상 순이익이다. PER 수치는 낮으면 좋은 것이다. EV/EBITDA는 PER와 같다.

4.10. KBS 시사직격 <코로나 이후 주식 광풍> 다큐 촬영

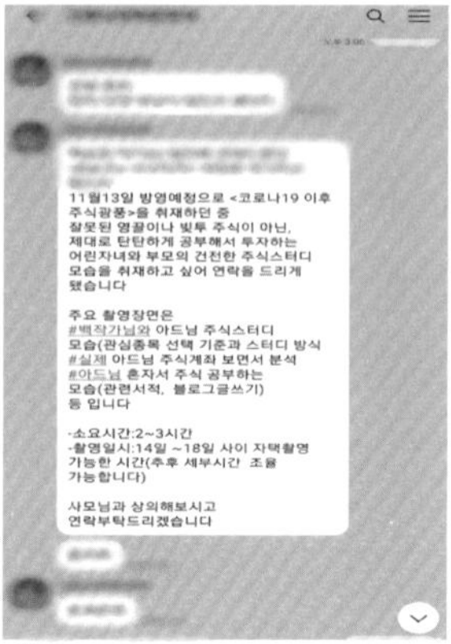

그림 4-13. 방송출연제의 SMS

남편에게 뚱딴지같은 카톡을 받았다. 이제 조금 경제 공부하고 있는 아이인데 방송 출연이라니? 예전에도 쪽지로 영재발굴단 출연을 두어번 권유받은 적이 있었는데.(교육 블로그하는 사람들은 거의 다 받았을 듯) 영재가 아니라 당연히 거절을 했지만 이런 제안은 정말 색다르네. 아무튼 말도 안 된다고 일언지하에 거절했다가 곰곰히 생각해보니 '해봤어?'라는 고 정주영 현대 회장의 한 마디가 떠올랐다. 해보지 않으면 그 길이 어떤 길인지 아무것도 모르기에. 통 편집, 악플 혹은 기타 등등을 감수하고 한번 해보기로 했다. 이런 경험이 동재에게 좋은 충격이 될지도 모르잖아?

일요일 오후에 두어 시간 우리집에서 동재와 동재아빠를 촬영을 하기로 했다. 분량은 5~2분 남짓이라고 하네. 2분이나 나올까 모르지만 아무튼! 해보는 거지. 안 해보면 아무 것도 모르니까. 무엇이든 두려워 말고 부딪혀 볼 것.

KBS에서 두 분이 오셔서 2시간 정도 촬영하고 가셨다. 집안일해서 우리집 가상화폐 빡빡비트를 버는 것에 대해 소개하기 위해 동재가 집안일 돕고 BCT 받는 컨셉의 촬영을 했고 동재랑 아빠랑 인터뷰도 했다.

그림 4-14. KBS 시사직격팀 촬영 장면

동재가 경제 공부하는 영상도 찍고 매주 가족끼리 하는 경제 브리핑 관련 영상도 찍었다.

PD님이 나에게도 같이 소파에 앉아있는 컨셉(?)을 권하셨지만 난 재빨리 도망갔다는. 쉬는 시간 PD님과 자녀교육에 대한 대화도 나누고. 다들 자녀교육에 관심도 많고 포인트가 되는 문제들도 비슷하다는 걸 느꼈다.

방송에는 2~3분 남짓 나온다는데. 통편집될 수도 있겠다. 여하튼 신기하고 재미난 경험이었다. 오늘 새롭게 알게 된 건 동재의 꿈이 누군가를 돕는 것이라는 것이었다. 누군가를 위해 일자리도 만들어주고 집도 제공할 수 있는 그런 사람, 남을 돕는 사람이 돼야 진정한 부자가 될 수 있다고 늘 아이에게 얘기했는데 내 뜻을 이해한 거 같아 참 기뻤다.

그림 4-15. KBS 비대면 투자의 함정에 출연한 모습

원래 <코로나 이후 주식 광풍>이라는 주제로 촬영을 했으나 주제가 바뀌고 2020년 11월 13일 저녁 8시에 KBS 시사직격 "비대면 투자의 함정"에 잠시 출연하였다. 아래 영상을 보시면 되고 처음 10초 이후에 나옵니다.(https://www.youtube.com/watch?v=R4W-4oOCTvQ)

4.11. 다 같이 생각해보기

1. 아이가 평소 어떤 생각을 하는지 알아보자.

"닌자고" 게임을 아이와 많이 했다. 닌자고는 아이가 6~7세때 좋아했던 레고 캐릭터이고, 만화이다. 아이가 좋아하는 캐릭터라 게임이름을 그렇게 정했다. 닌자고 게임은 한마디로 서로 질문하고 답하는 게임이다. 어릴 때 아이가 좋아했던 캐릭터인 닌자고를 가져다 붙인 거 일 뿐 닌자고와는 아무 상관이 없다.

게임의 룰은 아빠인 내가 아이에게 알고 싶은 내용의 질문을 하고 먼저 내가 답을 하고 그 다음 엄마, 마지막에 아이가 답을 하는 형식으로 진행이 된다. 아이와 주고 받는 대화속에서 아이가 무슨 생각을 하는지 알 수 있게 된다.

평소에 아이와 많은 대화를 주고 받아야 아이와 경제에 대한 이야기도 쉽게 주고 받을 수 있다.(https://blog.naver.com/passerby4/221496018824)

닌자고 게임 사례 1)

< 첫 번째 질문 라운드 >

아빠: 닌자고 게임 시작하자. 자신의 꿈에 대해 애기해봅시다.

아빠: 아빠는 어릴 때 발해에 대해서 연구하는 교수가 되고 싶었어, 고등학교때 “다물”이라는 책을 읽고 발해의 기와문자에 대해서 연구를 해보고 싶다는 꿈을 가졌는데, 지금은 돈을 많이 벌어서 발해사를 연구하는 사람들을 후원하고 싶다는 꿈으로 바꾸었어.

엄마: 난 이런저런 꿈을 가졌어.

아이: 난 태권도 사범이 되고 싶어. 학원에서 태권도를 배우는데 너무 멋있고 좋아서 나중에 태권도 사범이 꼭 되고 싶어.

< 두 번째 질문 라운드 >

엄마: 오늘 다녀온 여행에서 했던 거 중 가장 재미있은 순간은?

엄마: 난 ….

아빠: 난 ….

아이: 난 ….

< 세 번째 질문 라운드 >

아이 자신의 꿈에 대해 얘기해봅시다.

아이: 난 태권도 사범이 되고 싶어. 학원에서 태권도를 배우는데 너무 멋있고 좋아서 나중에 태권도 사범이 꼭 되고 싶어.

아빠: 아빠는 어릴때 ~~~

엄마: 난 이런저런 꿈을 가졌어.

구체적인 자기 이야기를 할 수 있어 아이와 관계 밀착에 큰 도움이 될 듯 하다. 아이의 성향, 기질, 장단점을 알 수 있어서 좋은 거 같다.

닌자고 게임 사례 2)

아빠:"닌자고 게임 시작하자. 아빠가 먼저 할게"

아빠:"요즘 슬픈 일은 뭐야?"

아빠:"아빠는 요즘 회사에서 일이 많아서 너무 힘들어"

엄마:"엄마는 이사와서 출퇴근 시간이 멀어서 몸이 피곤해서 힘들어"

아들:"요즘 배우는 수학학원에서 등수가 떨어져 싫어"

2. 온 가족이 10년 후 소망을 상상해보고 그려보자

예) "우리 가족 10년 후 소망 상상하고 그리기"를 참조하자. 글은 힘이 세다. 가족끼리 10년 후의 모습을 상상하고 글로 쓰고 그림까지 그리면 실제로 이루어 질것으로 믿는다.

3. 경제에 대한 주제, 기업분석에 대해 발표를 해보자

예) "경제 신문 읽고 주제 발표하기"를 참조하자. 아빠와 엄마, 아들 3명이 다 블로그에 글을 쓰고, 일요일 저녁에 아빠가 블로그를 보고 발표, 엄마도 신문기사를 화면에 보며 발표하고 마지막에 아들은 발표하기전에 아빠가 인사를 하는 모습과 엄마의 오목조목하게 발표하는 모습까지 따라서 했다.

방송국은 탈렌트들에게 출연료를 지불하고 뉴스를 방송하고 어떻게 방송국을 유지 할까? 바로 TV광고다. TV광고에 대해 발표해보자

4. 경제 도서에 대한 독후감을 작성해보자

예)토론 발제문을 쓰고, 사회까지 하게 되면 그 책에 대해서 많은 생각을 해볼 수 있는 좋은 기회이지만, 가장 먼저 독후감부터 작성해보자

동재가 최초로 읽는 경제 책인 "이솝우화로 읽는 경제 이야기" 독후감을 써보자. 동재의 독후감 카페 게시물 주소이다.(https://cafe.naver.com/kidbuja/75)

Part 5.

선한 영향력을 가진 어린이 부자가 되기를

5. 선한 영향력을 가진 어린이 부자가 되기를

자녀들이 경제교육을 받기 위해서는 부모가 먼저 경제교육을 받아야 한다는 생각에 무료로 "우리 아이 새뱃돈 어떻게 할까요" 줌 강의를 진행하였다

2시간 강의를 들으신 분들이 후기도 남기고 본격적으로 실천을 하고 계서서 엄청 든든하다. 멀리 가려면 혼자서 가지 말고 함께 가라는 말처럼 어린이 경제교육도 함께 하는 사람이 많을수록 좋다.

아래는 카페회원인 비메이커님이 카페에 남긴 후기글이다.

...

사실..요즘 아이교육에 고수이신 부모님들은..

이미~자식에게 미국주식 선물하기~테슬라..아마존 등..

벌써 광풍이 불고 지나간 후..

이제서야..다소 부족한 저로서는 정신을 차려봅니다.

저의 2021년 리스트 중에 막연하게 있던 내용이긴 한데..

사실 언제 어떻게 해줘야 하지..

그냥 주식으로 사주면 될까라고 생각만 했던 문제 였거든요.

그림 5-1. <우리아이 새뱃돈 어떻게 할까요?> 특강 참여 모습

단순한 소비자에서 지식의 생산자로서 전환

제일 머리를 빡~하고 때린 이야기 입니다.

단순하게 물건을 구매하는 소비자가 아니라..

작은 것이라도 컨텐츠나 지식을 생산하는 생산자로서의

전환이 필요하다.

그러기 위해서는 아이에게..

1. 블로그 글쓰기

2. 목표 일기 등

다양하게 본인이 알고 싶은 분야나 알아야 하는 것에 대해

서 서치해보고, 자신의 블로그에 기록함으로서

컨텐츠를 생산할 수 있도록 도와주는 역할을 해야 한다.

<실생활에서의 경제 관념 심어 주기>

아이와 걸어가면서 건물의 가치나 가격변화에 대한

이야기도 하며 자연스럽게 부동산에 대한

이해도를 높여주고

실생활에서 아이가 일 할 수 있는 부분(근로소득)에 대해

같이 정하고, 더 놀랐던 건..

근로 계약서와 세금에 대한 부분..정말~~감탄이었습니다.

<서로에 대한 피드백과 공유>

아이가 받은 용돈으로 주식을 매수함에 있어서

부모의 의견보다는 당연히 우리 아이의 의견이

우선시 되어야 겠죠.

그래서 아이에게 주식에 대한 이해도와

기업의 가치에 대해(우리 주변의 알고 있는 기업위주로..)

서로 이야기하고, 아이가 스스로 조사하고 기록하고

발표까지 하는 모습이 어찌나 멋지고 대견스럽던지요.

부모가 옆에서 같이 고민하고 서로의 이야기를

공유한다는 모습이 너무 멋져보였습니다.

서로의 블로그 내용과 활동 결과물에 대한 내용으로

곧 멋진 책도 나온다고 하니 기대가 너무 됩니다.

아이에게 올바른 경제관념을 심어 주기 위해..

실천 할 수 있고 같이 할 수 있는 부분이 무엇인지

언능 정해서 행하도록 해보겠습니다.

제일 중요한 건..

행하는 것과 그것을 꾸준하게 루틴하게 하는

힘이지 않을 까 싶습니다.

물론~~

이리도 좋은 정보를 공유해주고 함께 나누어주는 분들이

계심에 감사하고요.

tip. 비상장주식과 코인~정말 깨알같은 정보 감사했습니다.

(투자는 본인의 몫~~)

우선 열심히 알아야겠네요~

5.1. 어른은 아이의 거울이다. 내가 먼저 모범을

"어른은 아이의 거울이다." 라는 말이나 "애들 앞에서는 찬물도 못 마신다." 라는 말이 있다. 이 말들은 아이들이 어른의 행동을 본받아서 따라한다는 말들이라 할 수 있다.

아이가 블로그를 쓰기 시작한 것도 책을 내겠다는 생각을 하는 것도 엄마, 아빠가 매일 블로그나 글을 쓰는 걸 보더니 아이가 당연하게 블로그를 쓰는 것으로 생각하고 글을 쓰기 시작했고, 아빠가 작가인 것을 보더니 자신도 책을 내야 한다고 생각을 하는 것 같았다.

그림 5-2. 오류마을 홈페이지

2021년이 되면서 매달 정기적으로 아이 한명에게 후원을 하기로 했다. 아이에게 경제공부도 중요하지만 나누는 삶 또한 중요하다는 것을 먼저 보여주려는 것이다.

후원하는 아이는 6세 남아이고 구루병을 앓고 있는 아이를 위해 매달 법인 명의로 작은 후원을 하기로 하고 이번 달부터 자동이체를 시작을 했다. 아이가 성장 장애가 있어 30세까지 매번 주사를 맞아야 한다는데 주사비에 도움이 되었음 좋겠다. 아이 어머니가 태어날 때까지 배에 품고 소중히 지켜냈고 이제는 보육원 선생님들이 지켜내고 있는 아이. 우리 가족도 아이를 지켜줄 거고 성장할 때까지 함께 할 거다.

"감사합니다. 아이는 강x이라고 합니다. 아직 꿈을 찾지는 못했지만 호기심이 많은 아이입니다. 아이가 건강하기 자랄 수 있도록 지원해 주셔서 감사합니다."

- 오류 마을에서 보내온 문자 -

5.2. 아이의 10년 목표, 100만원 기부하기

2016년 4월에 받았던 아이의 결혼기념일 선물을 합쳐서 기부한 게 아이와 처음으로 했던 기부였다. 이번 주가 결혼기념일이라 아이 아빠와 결혼기념일 어쩌구 하며 이야기를 했더니 아이가 동전이 묵직한 저금통을 가져온다.

그림 5-3. 아이가 처음으로 만든 저금통

"결혼기념일 선물이야." 아이가 푼푼히 모은 8,400원을 저금통에 담겨 있었다. "엄마, 아빠 이걸로 맛있는 거 사 먹어."

남편에게 이걸로 무얼 할지 물어보니 역 앞에서 파는 어묵꼬치 500원짜리를 사먹자고 한다. 아딸의 컵에 담아주는 닭강

정도 추천해준다. 얘기 듣다보니 모두 아이가 다 좋아하는 것들이네. 몇 번이고 맛난 군것질을 할 용돈을 기꺼이 선물해 준 아이가 참 대견했다. 결국 아이가 준 돈은 내가 모으고 있는 동전과 합하여 불우한 이웃들을 위해 기부하기로 했다. 무엇보다 값진 결혼 기념일 선물이었다.

오늘 아이 아빠와 한 잔 하며 아이 키우는 재미가 이런 게 아니겠냐는 이야기를 했다. 꼬마가 아무 생각 없는 줄 알았는데 이런 재미도 주니까. 아이가 많이 컸다는 생각이 들었다.

우리는 그동안 아이와 경제적 자유만 얘기를 한 것은 아니다. 그와 함께 우리 이웃에 사는 사람들과 불우한 이웃과 나누는 삶에 대해서 얘기를 항상 해 왔다. 아이가 최근에 쓰기 시작한 목표일지에 10년내에 이루고 싶은 목표로 "자신의 돈으로 100만원을 10년내로 기부"로 적었다.

자신의 이름으로 된 책의 인세로 할지 주식 투자 수익금으로 할지는 아직 정하지는 못했지만 아이는 기부를 하고 싶다고 한다.

5.3. 어린이 경제 교육 지식을 함께 나누며

처음에는 아이와 블로그로 경제교육에 대한 내용을 정리하다가 네이버 카페(cafe.naver.com/kidbuja)를 만들어서 자료를 공유를 하다가 청소년끼리 모여서 경제독서 토론을 하면 좋을 거 같다는 생각에 독서 토론도 함께 하고 있다.

아이들은 씩씩하게 자신의 책에 대한 의견을 밝히고 있고 2회가 진행되었고 매월 1~2주 일요일에 줌으로 진행을 하고 있다.

표 5-1. 어린이 온라인 독서 토론 일정

날짜	발제자	책
1월 10일 일요일 오후 8시	동재	만화 주식투자
2월 7일 일요일 오후 8시	조XX	이솝우화로 읽는 경제 이야기 리뷰
3월 14일 일요일 오후 8시	박XX	50대 사건으로 보는 돈의 역사
4월11일 일요일 오후 8시	동재	Money IQ(초록 개구리)

"이번에 토론한 책은 '이솝우화로 읽는 경제 이야기' 인데요, 전에 읽고 토론했던 책 '만화 주식투자 무조건 따라하기' 와는 다르게 우리에게 잘 알려진 사건들을 이솝우화로 예를 들고 설명해서 꽤 재미있게 읽고 토론했던 것 같습니다.

이 책에서는 주식 같은 한 분야만 집중적으로 다룬 것이 아니라 일상이나 부동산 같은 다양한 내용들을 다뤄서 전의 책처럼 깊이 있게는 아니지만 적어도 경제에 있는 기본 상식들과 개념들을 많이 알고 배울 수 있었던 같습니다. 기본 지식들만 다룬다는 점도 있어서 더 읽기 쉽고 이제 막 배우기 시작하는 사람들에게는 많은 도움이 될 것 같아 추천을 드리고 싶습니다. 또한 이솝우화의 형식이어서 공부를 이야기책 읽듯이 쉽고 재미있게 공부하고 잘 이해가 갔던 것 같습니다."

- 카페 회원 별자님의 토론 후기 -

그림 5-4. 온라인 무료 강의

지난번 줌 강의를 듣고, 이제서야 실천에 옮기려고 이것저것 해 봅니다. 저희는 우선 두 아들과 협약서를 서로 합의하에 작성하였습니다. 아이들 주식계좌도 담주에는 만드는 게 저의 숙제네요.

협 약 서

부모 000, 000_과 아들 _000은 아래와 같이 각 역할에 대해 협의하였으며, 지킬 것을 약속합니다.

가. 000

구 분	평 일	주 말 / 공 휴 일
할 일	● 7시 10분 기상 후, 20분내 정리하기 → 라즈키즈 10분, 연산 10분 ● 문제집 및 공부할 내용 18시 이전 끝낸다. – 사정에 따라 유동적일 수 있음 ● 기본적으로 TV 시청 금지 ● 30분 이상 독서(블로그에 기록) ● 정리정돈(옷/책상/장난감 등) ● 1주일 동안 경제신문 읽고 블로그에 기록한다. ● 일기 쓰기 ● 마트, 문구점 방문 시, 사고픈 것은 자금 조달 및 구매 방법 그리고 활용에 관한 계획을 구두 또는 문서로 부모에게 승인받고 진행한다. ● 매주 지급(지출)되는 용돈에 관한 활용은 계획 및 기록을 하여 매주 차주 용돈 지급 시 부모에게 확인을 받는다.	● oo교육원/수학 및 하고픈 공부에 충실하게 임한다. ● 가족행사 등 특별한 일이 없는 한, 시립도서관에서 시간을 보낸다. ● 환경보호 및 봉사활동을 월 1회 이상 실시한다.(블로그 및 봉사활동기록)
하고픈 일	● 씨름/친구들하고 놀기 등 '하고픈 일'은 기본적으로 '할 일'을 다 끝낼 수 있다는 약속하에 진행한다.	● 1일 5시간의 오락시간을 보장한다. (단, 차감가능)

나. 부모

<table>
<tr><th>구 분</th><th colspan="3">평 일 / 주 말 / 공 휴 일</th></tr>
<tr><td>할 일</td><td colspan="3">● ooo이 할 일과 하고 싶은 일을 잘 할 수 있도록 지원을 아낌없이 한다.
● 공부한 내용은 그 날 바로 확인해 줄 수 있도록 한다.
● 매주 용돈을 지급한다.</td></tr>
<tr><td rowspan="11">용돈 지급</td><td colspan="3">● 기본급: 주급 5,000원
● 능력급: 매주 일요일 저녁에 정산 및 지급</td></tr>
<tr><td>구 분</td><td>내 용</td><td>지급액</td></tr>
<tr><td>1</td><td>아빠 신문 가져오기</td><td>300원</td></tr>
<tr><td>2</td><td>환경보호 및 분리수거하기</td><td>500원</td></tr>
<tr><td colspan="3">● 용돈의 활용범위</td></tr>
<tr><td>구 분</td><td>내 용</td><td>비 중</td></tr>
<tr><td>1</td><td>저축</td><td>주급 1/5 내외 (단, 1만원이상 저금 시, 사고 싶은 주식 매입)</td></tr>
<tr><td>2</td><td>소비</td><td>주급 3/5 내외</td></tr>
<tr><td>3</td><td>소득세(기부)</td><td>주급 1/10 내외</td></tr>
</table>

년 월 일

부 모 : (서명)
(서명)

그림 5-5. 비메이커님이 작성하신 협약서

함께 어린이 경제교육을 하는 사람들을 보면서 뿌듯함을 느끼며 더 많은 사람들에게 어린이 경제교육에 참여할 수 있도록 돕겠다는 생각에 열심히 하려고 한다.

그림 5-6. 비메이커님 가족의 뒷산 정화활동

5.4. 아들아 너를 브랜드로 만들어라

주말 아침은 참 좋다.

아들이 만들어주는 라떼 한 잔에 쑥설기를 먹으며 고양이의 재롱을 즐긴다. 남편은 편한 차림으로 소파에 비스듬히 누워있고 아들은 발라당 누워 딩굴거릴 때 바로 이 때다. 아들에게 '나의 마음'을 전할 때가.

그림 5-7. 아들의 블로그

"동재야. 세상 사는 데 가장 중요한 게 뭔 줄 아니?"

"몰라. 히힝"

"그건 바로 돈 이란다. 네가 이렇게 편하게 사는 데에는 다 돈이 필요해. 그런데 돈을 만들려면 그리고 돈을 많이 가지려면 뭐가 제일 중요할까?"

"공부 열심히 해서 좋은 대학 가는 거."

"아니야. 아빠 봐. 공부 잘 못했는데도 엄마보다 돈은 훨씬 잘 벌지. 중요한 건 너를 하나의 브랜드로 만드는 거란다. 좋은 대학, 좋은 회사는 그 곳을 다니다 나오면 끝이지만 너 자신을 브랜드로 만들면 넌 평생 네 이름으로 먹고 살 수 있어."

"어떻게 하는 거야? 그거?"

남편이 운을 떼며 이야기했다.

"아빠의 예를 들어볼까? 관심 있는 분야에 대해 공부해서 자격증을 딸 수도 있고 대학원에 가서 지식을 넓힐 수도 있어. 그걸로 아빠처럼 책을 쓸 수도 있고. 관련 일을 많이 해서 경험을 쌓는 것도 중요하지. 그러면서 자신의 경험, 기술, 지식을 상대방에게 강의를 하든 컨설팅을 하든 혹은 일을 해주든 하면서 나 자신을 하나의 회사처럼 운영하는 거지."

내가 말을 이었다.

"그래서 열심히 일한 돈을 차곡차곡 모으지. 그걸 시드머니(Seed Money)라고 한단다. 너 수학학원 끊어서 안 다니는 대신 그 돈을 모았다가 엄마가 너 스무 살이 되면 줄 생각이야. 그게 네 시드머니가 되는 거야. 영어나 중국어 공부는 너라는 브랜드를 만드는 데 큰 도움이 되니 네가 성인이 될 때까진 계속 투자할 생각이고."

"시드머니로는 뭘해?"

"똑같은 감자를 줘도 어떤 사람은 먹어버릴 수도 있고 어떤 사람은 씨감자로 심어서 감자를 수확할 수도 있지. 너도 네가 가진 시드머니를 심어서 키울 수 있어. 그걸로 사업을 할지, 부동산이나 주식에 투자할지 결정을 해서 묘목으로 키우는 거지. 그리고 그 묘목이 자라는 동안 열심히 일해서 또 씨앗을 만들고 또 그걸 심고. 묘목이 자라면 팔아서 좀더 큰 묘목을 사고. 그러면 부자가 된단다."

"응!"

"엄마, 아빠는 씨앗 하나 받은 게 없어서 그걸 사는데 고생하고 묘목을 키우는 데 고생했지만 넌 더 잘할 수 있을 거야. 그리고 너의 스무 살까지의 진로를 엄마가 신중히 고민 중이야. 너도 공부 열심히 하는 것보다는 여러 가지 경험하고 어떤 것을 해서 앞으로 먹고 사는 것이 좋을지 생각해 봐. 그게 제일 중요한 거야."

"나 마이스터고 갈까? 저번에 엄마가 말한?"

"좋은 생각인데 그러면 취업 3년 먼저하고 대학 가야 해. 유학도 생각해보고. 우린 명문대가 목표가 아니라 너를 명품으로 만드는 게 목표니까. 앞으로 많이 많이 생각해 보자구."

늘 어리다고만 생각했던 아이는 어느새 12살이 되었고 난 아이를 키우면서 영재고로 보내서 명문대생으로 만들겠다는 당초의 목표를 과감히 버렸다.

머리는 좋지만 산만하고 좋아하는 것 외에는 관심이 별로 없는 우리 아이. 아이는 제 아빠처럼 살기를 희망하고 아빠를 많이 존경한다. 나 역시 자신을 어느 정도 '동재 아빠'라는 브랜드로 만들어 활동 중인 남편을 많이 존경하기에 그리 사는 삶이 아이의 미래가 되었으면 하는 바람이 있다. 물론 좋은 대학도 좋은 직장 이름도 없어 자랑할 것은 없지만 개인적으로는 실속 있고 알찬 삶을 살고 있는 남편처럼. 동재도 독립적인 개인으로 성숙하게 잘 성장했으면 하는 바람이다.

공부 못해도 명문대 안 가도 괜찮아. 나라는 브랜드를 어떻게 만들어 나갈지 앞으로 차츰 생각해 보자.

5.5. 아들아 넌 자본가로 자라라

난 어릴 때 집이 가난해서 용돈을 받은 기억이 거의 없다. 감히 용돈 달라는 이야기를 부모님에게 하지도 못했고. 겨울에 붕어빵 장사 아줌마 앞에서는 침만 꼴깍꼴깍 삼키기 일쑤였고, 소중하게 얻게 된 동전 몇 잎이 얼마나 귀했는지 모른다.

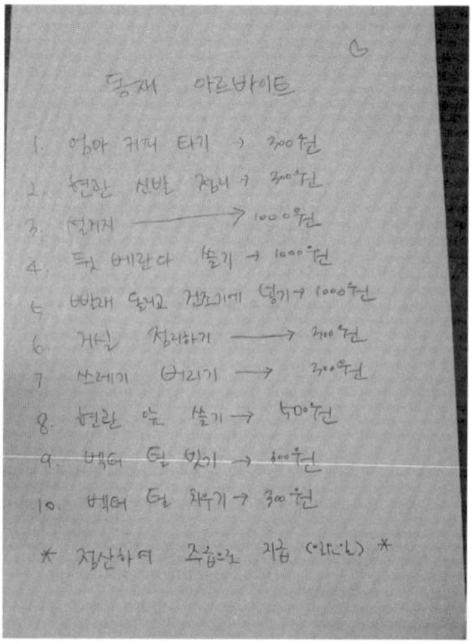

그림 5-8 동재 아르바이트 계약서

부모가 양쪽으로 돈을 버는데다 맞벌이하는 엄마 밑에서 자란 우리 아이는 돈의 가치에 대해 별로 생각해 볼 기회가 없었던 거 같다.

특히 학원을 오가며 어정쩡한 시간 대에 편의점 카드로 군것질을 양껏 해대며 다니는 다른 아이들 옆에서 기죽게 하기가 어려워서 아이에게 쥐어준 충전식 편의점 카드는 분명 독이었다. 방망이를 휘두르면 나오는 카드처럼 아이는 편의점 카드를 생각했던 듯했다.

언젠가 아이에게 나중에 우리 집을 팔고 아이의 진학 등의 문제로 근처 작은 아파트에 당분간 월세를 살았다가 아이 졸업 후 서울로 이사가는 것은 어떠냐는 이야기를 했더니 아이의 답이 참 흥미로웠다.

"난 가난해 보이는 것도 싫어."

아가야. 가난은 선택하는 것이 아니고 누구도 가난하기 싫지만 그 누구도 언제든 가난해질 수 있단다. 아이의 마인드에 대해 잠시 손 놓고 있었다는 점을 반성하며 나는 아이에게 일감을 주기로 했다. 자잘한 집안일에 역할을 주고 아이가 일한 만큼 주급으로 지급하기로 했다.

내 힘으로 돈을 벌며 그 돈으로 자기 살림을 꾸려보는 것만큼 중요한 건 없다.

자본주의 세상에서 사는 이상 아이가 돈의 가치를 알고 그걸 조율할 수 있는 자본가로 컸음 좋겠다.

돈의 소중함을 아는 아이로 자랐으면 좋겠다.

"동재야. 너 서비스가 좋으면 100원 더 줄게."

"서비스가 뭐야?"

"열심히 하는 태도가 보기 훌륭하면 추가로 돈을 더 받을 수도 있어. 그게 서비스란다."

"응!"

오늘도 아이는 무럭무럭 자란다.

5.6. 누군가 켜둔 불빛이 멀리 있는 다른 사람에게 별빛이 된다.

먼 데서 반짝이는 별을 보고 있노라면, 아름답기는 하지만 내 손에는 닿기 어려운 그저 바라만 보아야 하는 존재로 느껴진다. 그래서 우리는 우리가 만나기 어려운 유명 배우나 가수들을 스타라고 부르고, 별을 어깨에 찬 장군들을 스타라고 부르며 동경하는 것일지도 모르겠다.

그림 5-9. 북악스카이웨이에서 바라본 별빛

평범하디 평범한 우리네 인생. 나는 그리고 내 아이들은 과연 별이 될 수 있을까? 아이들이 초등학교에 들어가면서 대통령이 꿈이었다가 중학교, 고등학교에 진학하면서 평범하고 돈 잘 버는 회사원으로 꿈을 바꾸는 것도 화려한 인생으로 가는 그 길이 너무나 어렵고 높게 느껴져서 인지도 모르겠다.

우리는 별이 될 수 있을까? 그 답을 찾은 것은 우연히 찾게 된 북악 스카이웨이의 팔각정에서였다. 반짝이는 불빛이 검은 어둠 속에서 불을 밝히는 모습이 너무 아름다워서 핸드폰을 꺼내 사진을 찍으면서, 내가 한때 좋아하던 황석영 작가의 <작은 정원>이라는 책에 나오는 한 구절이 생각이 났던 것이다.

달동네 높은 곳에 사는 사람들이 고단한 하루를 끝내고 돌아와 방에 불을 켜면 그 불빛들이 퍼져나가 멀리 다른 곳에 있는 사람들에게 가서 별빛이 된다는 구절이었다. 그 구절이 생각이 나더라. 비록 밤하늘의 별은 아니지만 나라는 존재가 발하는 빛이 누군가에게 작은 도움이라도 될 수 있다면 우리 모두 별이 될 수 있지 않을까? 우리 세 명의 가족이 켜 둔 어린이 경제교육이라는 작은 불빛이 아이들을 키우는 가족들에게 작은 별빛이 되기를 바라본다.

5.7. 다 같이 생각해보기

1. 자녀에게 어떤 모범을 보였는지 생각해보자

예) 오류마을에 한달에 5만원씩 기부를 하였다. 경제 토론을 하면서 먼저 발표를 해서 자녀에게 어떻게 발표해야 하는지를 알려줬다.

2. 자녀가 어떤 브랜드가 되면 좋을지 토론해보자

예) 동재는 "최연소 재테크 작가"라는 브랜드를 가지고 싶다고 한다.

3. 자녀가 어떤 자본가로 자라야 할지 애기해보자

예) 회사원이 아닌 자신만의 플랫폼을 가진 자본가가 되고 싶다.
청소년 경제교육관련 플랫폼을 만들고 싶다.

4. 어떤 선한 영향력을 가진 되면 좋을지 애기해보자

예) 나의 노력으로 지구가 더 아름다워지면 좋겠다는 목표가 있다.
10년내로 자신의 이름으로 100만원을 불우청소년을 위해 기부하고 싶다.

Epilogue

우리 아이들의 경제교육이 이루어지는 오직 한 곳, 바로 가정

세 가족이 각기 블로그에 쓴 글들을 아이 아빠가 모아서 책으로 묶자고 했을 때 사실 거절했었다. 대단히 성공하거나 그럴듯한 투자교육을 하는 사람도 아니고 그저 평범한 부모가 집에서 하는 소소한 경제교육 이야기가 누군가에게 크게 도움이 되겠는가 하는 생각도 컸기 때문이다.

하지만 돌이켜 생각해 보면 우리 아이들의 경제교육이 이루어지는 단 한 곳은 가정밖에 없다는 생각이 들어 부족한 글이지만 출판하기로 마음먹었다. 나는 중고등학교에서 15년 정도 근무해 왔는데, 공교육에서 이루어지는 경제교육은 아주 원론적인 내용밖에 없고 그나마도 정규 교과에 속해 있지 않고 입시와 관련이 없는 실정이다.

우리 아이들에게 돈에 대해 마음껏 이야기할 수 있는 기회를 제공하고 돈을 모아서 부자가 되어가는 과정을 알려줄 수 있는 사람은 오직 부모밖에 없다. 신기하게도 돈을 벌고 운용하는 일이 세상에서 가장 중요한데 그 흔한 학원이 자녀 경제교육에는 없다. 즉 부모의 경제 마인드와 자본주의를 이해하는 마음가짐이 우리 아이를 부자로 만드는 핵심 열쇠라는 것이다.

그런데 정작 우리 세대는 부모님에게 경제교육을 받아본 적이 거의 없다. 고성장 시대를 살았던 우리 부모님들은 좋은 곳에 취업해서 저축을 차곡차곡하고 돈을 절약해서 집을 사는 프로세스를 알려주셨지만 이는 저성장시대를 살아가는 우리 자녀들에게 알려주기는 부족함이 있다고 본다. 그렇다면 우리 자녀들에게 우리는 무엇을 알려주어야 하며 어떻게 해야 부자로 만들 수 있을까 라는 물음에서 우리 가정의 경제교육은 시작되었다.

내가 가장 좋아하는 책인 <부자아빠 가난한아빠(로버트 기요사키 저)>에서 교육을 많이 받았지만 가난한 아버지를 둔 아이가 부자 마인드를 가진 친구 아버지에게 교육을 받으며 부자로 성장하는 내용을 읽으며 바로 이것이다 생각하고 내 아이를 교육했다.

자신의 아이템으로 무언가를 생산하여 아이템이 돈을 벌고, 내 돈이 내가 자는 동안에도 돈을 벌게 하는 마법을 아이에게 알려주고 싶었다. 그래서 아이에게 주식을 알려주고 아이와 돈에 관해 이야기를 나누고 아이에게 매일 블로그를 쓰게 했다. 이 책은 이런 과정들에 대한 한 가정의 기록집이다.

내 아버지는 초등학교도 졸업하지 못했고, 나의 유년시절은 가난했다. 마찬가지로 비슷한 형편인 남편을 만나 결혼했고 부모님의 도움 일절 없이 신혼살림을 꾸렸다. 그러면서 내가 가진 흙수저를 자녀에게 물려주지 않고 가난의 고리를 내 대에서 끊고자 하는 강인한 의지로 내 자녀를 교육하고 있다. 부모의 삶과 나의 삶이 달랐듯 내 자식의 삶이 내 삶과 다르기를 바라는 마음이다. 이 책이 나 같은 마음을 가진 대한민국의 평범한 부모님들에게 작은 도움이나마 되었으면 하는 작은 바람이다.

동재 엄마

신록이 푸르른 5월의 어느 날에

6. 참고문헌

1. 구글 웹페이지>금융 주식정보 검색
2. 사경인, 재무제표 모르면 주식투자 절대로 하지마라, 베가북스,2020.04.24
3. 석혜원, 주식회사 6학년 2반(CEO를 꿈꾸는 어린이 경제 동화), 다섯수레, 2009.01.25
4. 유혜정, 어린이 경제 특강, 박물관, 2009.7.25
5. 길문섭, 혼자서도 잘 할 수 있는 가치투자 금융에서 주식까지, 타임스퀘어, 2008.11.01
6. 서명수, 이솝우화로 읽는 경제 이야기, 이케이북, 2012.08.31

독자의 글

경제교육의 필요성을 느끼고 있었는데

그런 장을 만들어 주셔서 감사합니다.

아직은 많이 어색하지만 아이들을 통해

좋은 관계를 형성 할 거라 믿습니다.

첫번째 모임 넘 유익하고 즐거웠어요.

동재가 부모님과 얼마나 많은 대화를 하고 소통하는지

느낄 수 있었습니다.

반짝반짝 빛나는 동재, 다음 발표도 기대해요.

책도 어서 구매해서 읽어야겠네요

살아가는데 꼭 필요한 공부를 한 느낌입니다.

오늘 너무나 훌륭하게 발표해준 동재와 아버님께

깊은 감사를 드립니다!

함께 할 수 있음에 감사드리고

좋은 정보 공유 할 수 있도록 하겠습니다.

- 카페(cafe.naver.com/kidbuja) 정모 후 댓글 -

온라인 독서토론을 같이 하면서 직접 발제도 하며 느낀 감정인데
조금씩 발전해가는 아이의 모습을 보니 기분은 좋네요
처음엔 인상쓰며 안한다던 녀석이 이번 줌 시간이 끝나고는
재미있었다고 합니다.
학교에서 PPT를 만들고 발표하는 수업이 있어 준비중인데요.
본인이 노력해서 만들었는데 친구들 반응이 없으면
어떻게 하냐고 걱정하더라고요.
그래서 이런 시간에는 호응도 많이 해줘야 한다고 했어요.
준비하는 사람의 노력을 알겠다며..
책은 본인이 이해하기 그리 쉽지는 않았지만,
오늘 발제하는 내용을 다시 읽어보고 저랑 이야기도 해보았지요.
책을 읽고 어떤 생각이 들었냐고 물어보니
"주식은 참 어려운 것 같아. 그래서 어려운 주식은 안하는게 좋겠어!"
하하하하.. 함께 웃었지만, 어렵기 때문에 지금부터 조금씩
공부해 나가는 거라고 했어요.
늘 줌 강의는 같이 들었는데 이번엔 혼자 듣게 했어요.
동재오빠가 발제를 하고 어떻게 생각하는지
돌아가면서 이야기했다고 하네요.
자신의 생각들을 정리해서 이야기하는 것도 훈련이 필요한데..
이런 시간들이 아이에겐 도움이 많이 될 것 같아요.
이런 소중한 시간을 가질 수 있어서 늘 감사합니다.
아이도 조금씩 느끼는게 있을거라 생각합니다.

- 천둥님(카페회원)-

지은이

백동재

"취미로 주식 하는 사람입니다만"

광명시 철산중학교 1학년 재학중이며,
KBS 시사직격 [비대면 투자의 함정]에 어린이 주식투자가로 인터뷰를 했다.
명절 때 모은 용돈으로 주식투자를 시작하였다.
장래 꿈은 CEO이다.
네이버 어린이 선한 부자(cafe.naver.com/kidbuja)를 운영하면서
자신의 알고 있는 청소년 주식투자 지식과
청소년이 알아야 경제 컨텐츠를 공유하고 있다.

백남정

테크파이(techfi.kr) 대표
폴리텍 대학 겸임교수
대한의료데이터협회 기술이사,
한국디지털금융자산연구원(KDiFAI) 전문위원
ISMS-P 심사원

해외송금 한패스, E9PAY에서 자금세탁방지 책임자, 삼성페이 해외송금 PM,
하나은행, KB국민은행, 신한증권투자, LG전자등의
업무 시스템을 개발하였다.
지역정보개발원, 영남대병원 개인정보보호 컨설팅,
남동발전 BCP(사업연속성) 컨설팅을 하였다.
블록체인, 테크핀, 정보보호에 관심이 많다.
NIPA(정보통신산업진흥원)의 블록체인 개발 전문가(하이퍼레저 패브릭)
강의와 블록체인 입문/기획자 양성과정 강의를 수행하였다.
네이버 어린이 선한 부자(cafe.naver.com/kidbuja) 카페를
아들과 같이 운영하고 있다.

[저서]

디지털뉴딜시대 리더가 꼭 알아야 할 데이터3법
쉽게 이해하는 블록체인, 암호화폐 자금세탁방지
4차 산업혁명시대 핀테크 개인정보보호
블록체인 정보보호 , 재취업 전직지원서비스 효과적 모델

동재엄마

15년차 중학교 교사이자 약 2천 명의 구독자를 보유한
<누가 누구라도 무엇이라도(blog.naver.com/pinwheal)> 운영중.
2015년 동재가 초등학교 1학년 때부터
2021년 중학교 1학년이 될 때까지 블로그에
아들의 성장과 가족의 삶에 대한 소소한 일상을
글로 쓰고 있다.

초등학생부터 시작하는 주식투자

초판 1쇄 2021년 5월 15일
초판 2쇄 2021년 11월 25일

지은이 백동재, 백남정, 동재엄마
펴낸이 정유진
편 집 김예은
디자인 이이사벨
펴낸곳 노북(no book)
주 소 서울특별시 서초구 강남대로53길 8, 11층
전 화 031-8025-9200 팩 스 050-4211-8560
https://blog.naver.com/nobookorea
이메일 nobookorea@gmail.com
출판등록 2018년 7월 27일 제2018-000072호
인 쇄 새한

ISBN 979-11-90462-16-7 (43370)